# Ham - Parsa Yemek Kitabı

## En İyi İtalyan Jambonu İçeren 100 Lezzetli Tarif

Yusuf Şimşek

# İÇİNDEKİLER

# SALATALAR VE YANLAR 142

# GİRİİŞ

Nihai İtalyan Jambonu için 100 Lezzetli Tarif
Açıklama: Ham - Parsa Yemek Kitabı, bu sevilen İtalyan tütsülenmiş jambonu ile ağız sulandıran yemekler yaratmak için nihai rehberinizdir. Klasik mezelerden lezzetli makarnalara, doyurucu çorbalara ve leziz tatlılara kadar bu yemek kitabı, prosciutto'nun zengin, tuzlu ve hafif tatlı tatlarını sergileyen, takip etmesi kolay 100 tarif içeriyor.

İster prosciutto meraklısı olun, ister bu lezzetli malzemeyle yeni tanışın, bu yemek kitabında herkes için bir şeyler var. Ev yapımı prosciutto yapmayı öğrenin veya prosciutto sarılı kuşkonmaz, incir ve prosciutto pizza veya prosciutto ve keçi peyniri dolgulu tavuk göğsü gibi yaratıcı tariflerle pişirme oyununuzu yükseltin.

Her tarif, ayrıntılı talimatlar, bir içerik listesi ve tam renkli bir fotoğrafla birlikte gelir, böylece yemeğinizin tam olarak nasıl görünmesi gerektiğini görebilirsiniz. Mükemmel lezzet profilini oluşturmak için en iyi jambonu seçme, saklama ve diğer malzemelerle eşleştirme konusunda da faydalı ipuçları bulacaksınız.

Öyleyse neden bekleyelim? Ham - Parsa Yemek Kitabı bir kopyasını alın ve bugün İtalyan mutfağının leziz dünyasını keşfetmeye başlayın!

# KAHVALTI

# 1. <u>Prosciutto'ya Sarılı Mini Frittata Muffinleri</u>

**İÇİNDEKİLER:**

- 4 yemek kaşığı yağ
- ½ orta boy soğan, ince doğranmış
- 3 diş sarımsak, kıyılmış
- ½ pound cremini mantarı, ince dilimlenmiş
- ½ pound donmuş ıspanak, çözülmüş ve kuru sıkılmış
- 8 büyük yumurta
- ¼ bardak hindistan cevizi sütü
- 2 yemek kaşığı hindistan cevizi unu
- 1 su bardağı çeri domates, ikiye bölünmüş
- 5 ons Prosciutto di Parma
- koşer tuzu
- Taze kara biber
- Normal bir 12 fincan muffin kalıbı

**TALİMATLAR:**

a) Fırını 375 ° F'ye ısıtın.

b) Hindistan cevizi yağının yarısını büyük bir dökme demir tavada orta ateşte ısıtın ve soğanları yumuşak ve yarı saydam olana kadar soteleyin.

c) Sarımsak ve mantarları ekleyin ve mantarın nemi buharlaşana kadar pişirin. Ardından, dolguyu tuz ve karabiberle baharatlayın ve oda sıcaklığında soğuması için bir tabağa kaşıkla koyun.

d) Hamur için, yumurtaları büyük bir kapta hindistan cevizi sütü, hindistan cevizi unu, tuz ve karabiber ile iyice karışana kadar çırpın. Daha sonra sotelenmiş mantarları ve ıspanağı ekleyin ve birleştirmek için karıştırın.

e) Eritilmiş hindistancevizi yağının geri kalanını çörek tepsisine fırçalayın ve her bir bardağı, tabanı ve yanları tamamen kaplamaya dikkat ederek prosciutto ile kaplayın.

f) Muffinleri yaklaşık 20 dakika fırında pişirin.

## 2. <u>Karalahana Sarılı Yumurta</u>

## İÇİNDEKİLER:

- Üç yemek kaşığı ağır krema
- Dört haşlanmış yumurta
- ¼ çay kaşığı biber
- Dört lahana yaprağı
- Dört prosciutto dilimi
- ¼ çay kaşığı tuz
- 1 ½ su bardağı su

1. Yumurtaları soyun ve her birini lahana ile sarın. Onları prosciutto dilimlerine sarın ve üzerine karabiber ve tuz serpin.

2. Instant Pot'u mutfağınızda kuru bir platform üzerine yerleştirin. Üst kapağını açın ve açın.

3. Tencereye su dökün. İçine Instant Pot ile birlikte gelen bir sac ayağı veya buharlı pişirici sepeti yerleştirin. Şimdi yumurtaları nihale/sepet üzerine yerleştirin/düzenleyin.

4. Kilitli bir hazne oluşturmak için kapağı kapatın; emniyet valfinin kilitli konumda olduğundan emin olun.

5. "MANUAL" pişirme fonksiyonunu bulun ve basın; varsayılan "YÜKSEK" basınç modu ile zamanlayıcıyı 5 dakikaya ayarlayın.

6. Malzemelerin pişirilmesi için basıncın oluşmasına izin verin.

7. Pişirme süresi dolduktan sonra "İPTAL" ayarına basın. "QPR" pişirme işlevini bulun ve basın. Bu ayar, iç basıncın hızla serbest bırakılması içindir.

8. Kapağı yavaşça açın, pişmiş tarifi servis tabaklarına veya servis kaselerine alın ve keto tarifinin tadını çıkarın.

# 3. Kabak, prosciutto ve parmesan

Yapar: 12

## İÇİNDEKİLER:

* 1 küçük soğan, ince rendelenmiş
* 1 kabak, rendelenmiş
* 3 su bardağı sade un
* 3 çay kaşığı kabartma tozu
* 1 çay kaşığı deniz tuzu
* ½ su bardağı rendelenmiş parmesan
* 4 yumurta
* 2½ su bardağı süt
* 200 gr tuzsuz tereyağı, eritilmiş ve soğutulmuş

**tatlı domates sosu**

* 1 yemek kaşığı zeytinyağı
* 1 küçük soğan doğranmış
* 1 küçük kırmızı biber, doğranmış
* 2 yemek kaşığı domates salçası
* 420 gr doğranmış domates
* 1 yemek kaşığı esmer şeker
* Jambon, domates sosu ve çeri domates ile servis yapın

**TALİMATLAR:**

a) Sosu yapmak için, orta yüksek ısıda orta tavada yağı ısıtın. Soğan ve biber ekleyin ve 2-3 dakika veya yumuşayana kadar pişirin. Domates salçasını ekleyin ve 1 dakika daha pişirin.

b) Konserve domatesleri, esmer şekeri ve 1 su bardağı suyu ilave edip karıştırın. Kaynatın, ısıyı düşürün ve 15 dakika veya koyulaşana kadar pişirin; sıcak tut

c) Waffle yapmak için geniş bir karıştırma kabına soğan, kabak, un, kabartma tozu, tuz ve parmesanı koyun; iyice karıştırın.

d) Yumurta, süt ve tereyağını geniş bir kapta çırpın ve kabak ve un karışımına ekleyin.

e) CLASSIC waffle ayarını seçin ve kızartma kontrol kadranında 6 numarasını çevirin.

f) Turuncu ışık yanıp sönene ve HEATING yazısı kaybolana kadar ön ısıtma yapın.

g) Waffle dozaj kabını kullanarak, her bir waffle karesine ½ fincan hamur dökün. Kapağı kapatın ve zamanlayıcı bitene ve 3 kez hazır sinyali verene kadar pişirin. Kalan meyilli ile tekrarlayın.

h) Üzerine domates sosu, prosciutto ve taze çeri domates eklenmiş sıcak waffle servis edin.

# 4. ıspanaklı yumurta ısırıkları

## İÇİNDEKİLER:

- Yumurtalar - 4
- Parmesan peyniri, rendelenmiş – 3/4 su bardağı
- Ağır çırpılmış krema – 1/4 su bardağı
- Ispanak, doğranmış – 1/4 su bardağı
- Prosciutto, doğranmış – 1/2 ons
- Öğütülmüş karabiber - 1/2 çay kaşığı
- Tuz – 1/8 çay kaşığı
- Su – 1 ½ su bardağı

a) Yedi bardak içeren bir yumurta ısırma kalıbı tepsisini alın ve kapları prosciutto ve ıspanakla eşit şekilde doldurun.

b) Bir kapta yumurtaları kırın, su hariç kalan malzemeleri ekleyin ve pürüzsüz olana kadar çırpın.

c) Hazır tencereyi açın, su dökün ve nihale sehpasını içine yerleştirin.

d) Yumurta karışımını ıspanak ve prosciutto üzerine eşit şekilde dökün, fincan başına 4 yemek kaşığı veya daha fazla 3/4 dolana kadar ve ardından tavayı alüminyum folyo ile kapatın.

e) Tavayı nihale sehpasına yerleştirin, hazır tencereyi kapağı kapalı konumda olacak şekilde kapatın, ardından 'manuel' düğmesine basın, pişirme süresini 10 dakikaya ayarlamak için '+/-'ye basın ve yüksek basınç ayarında pişirin; tencerede basınç oluştuğunda, pişirme zamanlayıcısı başlayacaktır. Anında tencere öttüğünde, 'sıcak tutma' düğmesine basın, basıncı 10 dakika boyunca doğal olarak bırakın, ardından hızlı bir basınç tahliyesi yapın ve kapağı açın.

f) Tepsiyi çıkarın, üzerini açın ve yumurta parçalarını çıkarmak için tavayı bir tabağa çevirin.

g) Hemen servis yapın.

# 5. <u>Prosciutto Ve Yumurtalı Açık Sandviç</u>

Yapar: 4

## İÇİNDEKİLER:

- 8 dilim roma domates
- 4 dilim kalın çıtır ekmek
- 4 yumurta
- 1/2 su bardağı roka
- 4 dilim Prosciutto di Parma
- Sızma zeytinyağı, gerektiği gibi
- Tatmak için kırık biber ve deniz tuzu

## TALİMATLAR:

a) Fırını 400 ° F'ye ısıtın.

b) Domatesleri küçük fırın tepsisine koyun ve yumuşayana kadar 10 dakika kızartın.

c) Fırın sıcaklığını 350 ° F'ye düşürün. Ekmeği başka bir fırın tepsisine yerleştirin; 1 çorba kaşığı yağ ile fırçalayın ve tadına bakmak için tuz ve karabiber serpin. Fırına koyun ve kızarana kadar yaklaşık 5 dakika kızartın.

d) Bu arada, 2 yemek kaşığı yağı büyük bir tavada ısıtın ve yumurtaları güneşli tarafı yukarı bakacak şekilde veya istediğiniz şekilde kızartın.

e) Sandviçi hazırlamak için 4 tabağın her birine birer dilim tost koyun. Her birinin üzerine 1/4 roka, 2 dilim domates, bir sahanda yumurta ve bir dilim prosciutto ekleyin. Tatmak için kırık biber ve deniz tuzu ile bitirin.

# 6. Fırında Prosciutto Yumurta Kapları

Yapar: 12

## İÇİNDEKİLER:
- 1 yemek kaşığı zeytinyağı
- 12 dilim salam
- 12 büyük yumurta
- 2 su bardağı bebek ıspanak
- tuz ve biber

## TALİMATLAR:
a) Fırını 400 dereceye ısıtın.

b) Muffin kalıbının her bölmesine fırçayla zeytinyağı sürün. Her bölmeye bir dilim prosciutto yerleştirin, kenarların ve tabanın tamamen astarlandığından emin olmak için bastırın (daha kolay bir fincan şekli elde etmek için prosciutto'yu birkaç parçaya ayırmanız gerekebilir).

c) Her bir kaba 2-3 bebek ıspanak yaprağı koyun ve üzerine bir yumurta ekleyin. Tatmak için tuz ve karabiber serpin.

d) Hafifçe yapışan bir yumurta sarısı için 12 dakika veya daha sert bir yumurta sarısı için 15 dakikaya kadar pişirin.

# MEZELER VE LOKMALAR

# 7.     Tarak ve Prosciutto Isırıkları

Yapar: 8

## İÇİNDEKİLER:

- ½ su bardağı ince dilimlenmiş prosciutto
- 3 yemek kaşığı krem peynir
- 1 kilo deniz tarağı
- 3 yemek kaşığı zeytinyağı
- 3 diş kıyılmış sarımsak
- 3 yemek kaşığı parmesan peyniri
- İsteğe göre tuz ve karabiber - prosciutto tuzlu olacağından dikkatli olun

## TALİMATLAR:

a) Her prosciutto dilimine küçük bir krem peynir tabakası uygulayın.
b) Ardından, her bir tarak etrafına bir dilim prosciutto sarın ve bir kürdan ile sabitleyin.
c) Bir tavada zeytinyağını ısıtın.
d) Sarımsağı bir tavada 2 dakika pişirin.
e) Folyoya sarılı deniz taraklarını ekleyin ve her iki tarafını 2 dakika pişirin.
f) Üzerine parmesan peynirini yayın.
g) İsterseniz tatmak için tuz ve karabiber ekleyin.
h) Fazla sıvıyı bir kağıt havluyla sıkın.

8. **Prosciutto Sarılı Mozzarella Topları**

Yapar: 4

## İÇİNDEKİLER:

- 8 mozzarella topları, kiraz büyüklüğünde
- 4 ons domuz pastırması, dilimlenmiş
- ¼ çay kaşığı öğütülmüş karabiber
- ¾ çay kaşığı kurutulmuş biberiye
- 1 çay kaşığı tereyağı (⅛ sağlıklı yağ)

## TALİMATLAR:

a) Dilimlenmiş pastırmayı karabiber ve kuru biberiye ile serpin.

b) Her Mozzarella topunu dilimlenmiş pastırmaya sarın ve kürdan ile sabitleyin.

c) Tereyağı eritin.

d) Sarılı Mozzarella toplarını tereyağı ile fırçalayın.

e) Fırın tepsisini parşömenle kaplayın ve içine Mozzarella topları yerleştirin.

f) Yemeği 365F'de 10 dakika pişirin.

# 9. <u>Sarılmış Erikler</u>

Yapar: 8

## İÇİNDEKİLER:

- 2 ons prosciutto, 16 parçaya bölünmüş (2 yağsız)
- 4 erik, dörde bölünmüş (1 yağsız)
- 1 yemek kaşığı frenk soğanı, doğranmış (1/4 yeşil)
- Bir tutam kırmızı biber gevreği, ezilmiş (1/4 çeşni)

## TALİMATLAR:

a) Her çeyreği erik jambon dilimine sarın, hepsini bir tabağa koyun, üzerine frenk soğanı ve pul biber serpin ve servis yapın.

# 10.  <u>Kremalı domates soslu makarna fırıldak ruloları</u>

Yapar: 8 Porsiyon

## İÇİNDEKİLER:

- 2 Makarna; taze 9x12
- 6 ons Prosciuttos; ince dilimler
- 1 pound Ispanak; sadece yapraklar, buhar
- 4 ons Ricotta peyniri
- 2 ons Mozzarella peyniri
- 4 yemek kaşığı reggiano parmesan peyniri
- Tuz
- Biber
- küçük hindistan cevizi
- Kremalı domates sosu
- 35 ons Erik domates; süzülmüş
- 3 yemek kaşığı Tatlı tereyağı
- 2 Adet Kuru Soğan; ince doğranmış
- 1 su bardağı kuru beyaz şarap
- 2 su bardağı tavuk suyu
- 1 su bardağı ağır krema

## TALİMATLAR:

a) Kaynatmak için büyük bir tencereye tuzlu su getirin. Makarnayı içine atın ve yaklaşık 2 dakika pişirin.

b) Çarşafları sudan çıkarın ve durulayın - dikkatlice tutun - ardından plastik sargı tabakalarının üzerine yerleştirin. Kağıdın üstünü kağıt havluyla kurulayın ve makarnayı prosciuttos ile 1 kat halinde kaplayın.

c) Ispanak / peynir karışımını prosciuttoların üzerine yayın ve 6 "tarafı ile yuvarlayın.

d) Sıkıca sarmanıza yardımcı olması için plastik sargıyı kullanın ve ardından ruloyu plastik ambalajın içine sarın ve kullanıma hazır olana kadar buzdolabında saklayın.

## SOS:

e) Büyük bir tavada tereyağını eritin ve soğanları pembeleşinceye kadar soteleyin.

f) Tavaya şarap ekleyin, karışımı kaynatın ve sıvıyı yaklaşık ¼ bardağa düşürün.

g) Tavuk suyu ekleyin ve karışımı tekrar kaynatın.

h) Bu karışımı yaklaşık ½ fincan olana kadar azaltın. Suyunu süzdüğünüz domatesleri parmaklarınızın arasından sıkıp parçalayın ve tavadaki azaltılmış sıvıya ekleyin, kaynatın ve kısık ateşte yaklaşık 30 dakika dikkatlice izleyerek ve sık sık karıştırarak pişirin.

i) Ağır krema ekleyin, 10 dakika boyunca yavaş yavaş pişirmeye devam edin.

j) Tatlandırın, baharatı tuz ve karabiberle ayarlayın.

**TOPLANTI:**

k) Makarna rulolarını streç filmden çıkarın ve sosla tavaya koyun.

l) Isıtıldığında, eşit olması için rulonun her bir ucunu kesin.

m) Daha sonra ruloyu 3 eşit parçaya kesin.

n) Servis etmek için, sos havuzunu tabağın altına yerleştirin ve her tabağa 2 veya 3 adet rulo makarnayı fırıldak tarafı yukarı gelecek şekilde koyun.

o) Dilerseniz üzerine rendelenmiş peynir serpin ve afiyetle yiyin.

# 11. <u>Lezzetli prosciutto fırıldak</u>

Yapar: 24 porsiyon

## İÇİNDEKİLER:

- 2 çay kaşığı Dondurulmuş puf böreği
- ½ pound İnce dilimlenmiş prosciutto; bölünmüş
- 3 ons Taze rendelenmiş Parmesan peyniri; bölünmüş
- 1 Kavanoz Tatlı-sıcak hardal - (4 oz); bölünmüş
- 1 yumurta; ile dövülmüş
- 2 yemek kaşığı Su

## TALİMATLAR:

a) Puf böreğini oda sıcaklığında 20 ila 30 dakika çözün. Tahtayı hafifçe unlayın ve bir hamur işini yaklaşık 12 x 15 inç boyutunda açın. Hamur tabakasını hardalın yarısı ile yayın. Tek katmanlar halinde düzenlenmiş prosciutto'nun yarısı ile doldurun. Parmesan peynirinin yarısını prosciutto serpin. Peyniri parmaklarınızla veya bir spatula ile bastırın. Pastayı spiral şeklinde yuvarlayın.

b) Kenarları biraz suyla fırçalayın ve mühürlemek için bastırın. Tırtıklı bir bıçak kullanarak, ruloyu bir inçlik fırıldaklara dilimleyin. Fırıldakları bir fırın tepsisine yerleştirin ve bir bardağın altıyla veya bir spatulanın arkasıyla sıkıştırın.

c) İkinci puf böreği tabakası için tekrarlayın, ardından fırıldakları 15 dakika soğutun. Fırıldakların üzerine yumurta sarısı sürüp önceden ısıtılmış 400 derecelik fırında on dakika pişirin. Çevirin ve beş ila on dakika daha veya altın kahverengi olana kadar pişirin.

## 12.  <u>Ceviz, İncir ve Prosciutto Crostini</u>

Yaklaşık: 12

## İÇİNDEKİLER:
- ½ inç kalınlığında dilimlenmiş 1 somun ciabatta ekmeği
- Sızma zeytinyağı
- 12 dilim salam
- ¼ su bardağı kavrulmuş ceviz, doğranmış
- Sızma zeytinyağı
- 6 adet olgun incir, ikiye bölünmüş
- 1 demet taze maydanoz
- 1 diş sarımsak, dilimlenmiş
- Taze çekilmiş karabiber
- 6 yemek kaşığı balzamik sirke

## TALİMATLAR:
a) Bir ızgara tavasını önceden ısıtın ve ciabatta dilimlerinizi ızgara yapın.

b) Sarımsağın kesik tarafını ciabatta üzerine hafifçe ovun.

c) Sızma zeytinyağı ile gezdirin.

d) Sıcak crostini'nizin her birinin üzerine bir parça prosciutto ve yarım incir koyun.

e) Üzerine maydanoz ve ceviz serpin ve daha fazla sızma zeytinyağı gezdirin.

f) Servis yapmadan önce biraz balzamik sirke ekleyin ve taze çekilmiş karabiber ekleyin.

## 13.   <u>Salam ve Brie Crostini</u>

Yapar: 4 ila 6 porsiyon

## İÇİNDEKİLER:

- 1 Fransız baget, 4-6 kalın parçaya dilimlenmiş
- 8 ons yuvarlak Brie peyniri, ince dilimlenmiş
- 4 onsluk prosciutto paketi
- ½ su bardağı kızılcık sosu
- ¼ su bardağı zeytinyağı
- Taze nane

## BALSAMİK SIR:

- 2 yemek kaşığı esmer şeker
- ¼ su bardağı Balzamik Sirke

## TALİMATLAR:

### BALSAMİK SIR:

a) Kısık ateşte bir tencerede, kahverengi şeker ve bir bardak balzamik sirke ekleyin.

b) Sirke koyulaşana kadar pişirin.

c) Glazürü ısıdan çıkarın ve soğumaya bırakın. Soğudukça kalınlaşacaktır.

### MONTAJLAMA:

d) Bageti hafifçe zeytinyağıyla fırçalayın ve fırında 8 dakika kızartın.

e) Brie'yi ekmeğin üzerine yayın.

f) Üstüne liberal bir çay kaşığı kızılcık sosu ve prosciutto ekleyin.

g) Üzerine balzamik sır gezdirin ve ardından nane yaprakları ekleyin.

h) Hemen servis yapın.

## 14.  <u>Proscuitto ve Mozarella Bruschetta</u>

Yapar: 3 Porsiyon

## İÇİNDEKİLER:
- ½ su bardağı ince doğranmış domates
- 3 ons doğranmış mozzarella
- 3 prosciutto dilimi, doğranmış
- 1 yemek kaşığı zeytinyağı
- 1 tatlı kaşığı kuru fesleğen
- 6 küçük dilim Fransız ekmeği

## TALİMATLAR:
a) Hava fritözünü 350 derece F'ye önceden ısıtın. Ekmek dilimlerini yerleştirin ve 3 dakika kızartın. Ekmeği domates, prosciutto ve mozzarella ile doldurun. Fesleğeni mozarellanın üzerine serpin. Zeytinyağı gezdirin.

b) Hava fritözüne geri dönün ve eriyip ısınmaya yetecek kadar 1 dakika daha pişirin.

## 15.  <u>Naneli Karides Isırıkları</u>

Yapar: 16

## İÇİNDEKİLER:
- 2 yemek kaşığı zeytinyağı
- 10 ons karides, pişmiş
- 1 yemek kaşığı nane, kıyılmış
- 2 yemek kaşığı eritritol
- ⅓ su bardağı böğürtlen, öğütülmüş
- 2 çay kaşığı toz köri
- 11 jambon dilimi
- ⅓ su bardağı sebze suyu

## TALİMATLAR:
a) Jambon dilimlerine sardıktan sonra her karidesin üzerine yağ gezdirin.

b) Hazır tencerenizde böğürtlen, köri, nane, et suyu ve eritritolü birleştirin, karıştırın ve 2 dakika kısık ateşte pişirin.

c) Buhar sepetini ve sarılı karidesleri tencereye ekleyin, üzerini kapatın ve 2 dakika yüksekte pişirin.

d) Sarılmış karidesleri bir tabağa koyun ve servis yapmadan önce üzerine nane sosu gezdirin.

# 16. <u>Armut, Turp Mikroyeşilliği ve Prosciutto Lokması</u>

Yapar: 18 Isırık

## İÇİNDEKİLER:

- 8 ons yumuşak keçi peyniri
- 6 ons prosciutto, şeritler halinde kesilmiş
- 2 onsluk turp mikro yeşillikleri paketi
- ¼ su bardağı taze sıkılmış limon suyu
- 2 armut, dilimlenmiş

## TALİMATLAR:

a) Her armut diliminin üzerine limon suyu gezdirin.

b) Armut diliminin bir yarısına ¼ çay kaşığı yumuşak keçi peyniri sürün, ardından malzemeleri diğer yarısıyla değiştirin.

c) Üst armut diliminin üzerine ¼ çay kaşığı daha yumuşak keçi peyniri sürün, ardından katlanmış bir prosciutto şeridi ve bir parça yumuşak keçi peyniri, ardından turp mikro yeşillikleri.

d) Kalan armut dilimlerini birleştirin ve üstüne daha fazla turp mikro yeşillikleri ile servis yapın.

## 17.  <u>Muffin prosciutto kupası</u>

## İÇİNDEKİLER:

- 1 dilim prosciutto (yaklaşık 1/2 ons)
- 1 orta boy yumurta sarısı
- 3 yemek kaşığı doğranmış Brie
- 2 yemek kaşığı doğranmış mozzarella peyniri
- 3 yemek kaşığı rendelenmiş Parmesan peyniri

## TALİMATLAR:

a) Fırını 350 ° F'ye ısıtın. Yaklaşık 2 oyuğu olan bir muffin kalıbını çıkarın.1/2"geniş ve 11/2" derin.

b) Prosciutto dilimini ikiye katlayın, böylece neredeyse kare olur. Tamamen hizalamak için muffin kalıbına yerleştirin.

c) Yumurta sarısını prosciutto kabına koyun.

d) Yumurta sarısının üzerine peynirleri kırmadan yavaşça ekleyin.

e) Sarısı pişene ve ılık ama yine de akıntısı olana kadar yaklaşık 12 dakika pişirin.

f) Muffin kalıbından çıkarmadan önce 10 dakika soğumaya bırakın.

## 18. <u>Avokado prosciutto topları</u>

**İÇİNDEKİLER:**

- 1/2 su bardağı macadamia fıstığı
- 1/2 büyük avokado, soyulmuş ve çekirdeksiz (yaklaşık 4 ons posa)
- 1 ons pişmiş prosciutto, ufalanmış
- 1/4 çay kaşığı karabiber

**TALİMATLAR:**

a) Küçük bir mutfak robotunda, macadamia fındıklarını eşit şekilde ufalanana kadar nabızlayın. Yarıya bölün.

b) Küçük bir kapta avokado, macadamia fındıklarının yarısı, prosciutto parçaları ve karabiberi birleştirin ve bir çatalla iyice karıştırın.

c) Karışımı 6 top haline getirin.

d) Kalan ufalanmış macadamia fındıklarını orta boy bir tabağa koyun ve eşit şekilde kaplamak için tek tek topları yuvarlayın.

e) Hemen servis yapın.

## 19.    <u>jambon cipsi</u>

## İÇİNDEKİLER

- 12 (1 ons) dilim prosciutto
- Yağ

## TALİMATLAR:

a) Fırını 350 ° F'ye ısıtın.

b) Fırın tepsisini parşömen kağıdı ile kaplayın ve prosciutto dilimlerini tek bir tabaka halinde yerleştirin. 12 dakika veya prosciutto çıtır çıtır olana kadar pişirin.

c) Yemeden önce tamamen soğumaya bırakın.

## 20.  <u>Düşük karbonhidratlı Marul Dürüm Sandviç</u>

Yapar: 1 KİŞİ

## İÇİNDEKİLER:
- 8 adet marul
- 1 yemek kaşığı ev yapımı mayonez
- 1 çay kaşığı sarı hardal
- 3 jambon dilimi
- 2 dilim organik jambon
- 3 dilim organik tavuk göğsü
- 5 dilim salatalık
- 8 adet ikiye bölünmüş çeri domates
- 1 parça parşömen kağıdı

## TALİMATLAR:
a) Bir kesme tahtası üzerine parşömen kağıdını yerleştirin. Parşömen kağıdının ortasına 5 ila 8 marul yaprağı koyun ve marul yapraklarının kenarları marullar arasında boşluk kalmayacak şekilde üst üste gelmelidir. İlk önce hardalı ve mayonezi yayarak üst malzemeyi katlayın.

b) Ahşap bir tahta üzerinde marul sarma havai görünümü

c) Ardından Prosciutto'yu ve şarküteri et dilimlerini (jambon ve tavuk göğsü), salatalık dilimlerini ve çeri domatesleri ekleyin.

d) Tahta bir tahta üzerinde şarküteri etli marul sarmasının havai görünümü

e) Marul sarmalarını parşömeni taban olarak kullanarak yuvarlayın. Marul sargısını mümkün olduğunca sıkı bir şekilde sarın.

f) Tahta bir tahta üzerinde şarküteri eti, salatalık ve kiraz domatesli marul sarmasının havai görünümü

g) Sarmanın yarısında yufkaların kenarlarını ortaya doğru katlayın ve börek gibi sarmaya devam edin. Tamamen sarıldığında, parşömenin kalanını marulun etrafına sarın.

h) Ahşap bir tahta üzerinde şarküteri etli marul sarmasının havai görünümü

i) Bir bıçak kullanarak, marul sarmasını dilimleyin ve tadını çıkarın!

j) bir marul sarma sandviçinin yakın çekim

# 21. Prosciutto sarılı kabak ısırıkları

ÜRETİM: 18 İLA 20 RULO

## İÇİNDEKİLER:

- 4 küçük veya 2 orta boy kabak, uzunlamasına çok ince şeritler halinde dilimlenmiş
- 1 yemek kaşığı sızma zeytinyağı
- Kaşar tuzu ve taze çekilmiş karabiber
- 6 ons keçi peyniri
- 1 yemek kaşığı taze kekik, artı servis için daha fazlası
- 2 çay kaşığı bal, artı servis için daha fazlası
- ½ limon kabuğu rendesi
- ¼ bardak yağda paketlenmiş, süzülmüş ve doğranmış güneşte kurutulmuş domates
- ¼ bardak taze fesleğen yaprağı, doğranmış
- 10 ince dilim prosciutto, uzunlamasına ikiye bölünmüş

## TALİMATLAR:

a) Fırını 425 ° F'ye ısıtın. Kenarlı bir fırın tepsisini parşömen kağıdı ile hizalayın.

b) Büyük bir kapta, kabak şeritlerini zeytinyağı ve birer tutam tuz ve karabiberle atın.

c) Küçük bir kapta keçi peyniri, kekik, bal, limon kabuğu rendesi, kurutulmuş domates, fesleğen ve birer tutam tuz ve karabiberi karıştırın.

d) Birer birer çalışarak, temiz bir çalışma yüzeyine bir kabak şeridi yerleştirin. Bir ucuna peynir karışımından 1 yemek kaşığı koyun ve kurdeleyi sarın. Sabitlemek için kabak etrafına bir parça prosciutto sarın. Ruloları dikiş tarafı aşağı gelecek şekilde hazırlanan fırın tepsisine yerleştirin. Kalan kabak şeritleri ile tekrarlayın.

e) Prosciutto gevrek olana kadar 20 ila 25 dakika pişirin. Rulolar biraz sızacak; tamamdır. Servis yapmadan önce 6 dakika fırın tepsisinde bekletin ve üzerlerine taze kekik serpin ve üzerlerine bal gezdirin.

## 22. <u>Jambon ve Şeftali Suşi Kasesi</u>

## İÇİNDEKİLER:

- 2 su bardağı hazırlanmış (400 g) Geleneksel Suşi pirinci veya Hızlı ve kolay Mikrodalga Suşi pirinci
- 1 büyük şeftali, tohumlanmış ve 12 takoz halinde kesilmiş
- ½ su bardağı (125 ml) Suşi pirinci sosu
- ½ çay kaşığı sarımsaklı biber sosu
- Koyu susam yağı sıçraması
- 115 gram. (125 gr) prosciutto, ince şeritler halinde kesilmiş
- 1 demet su teresi, kalın sapları alınmış

## TALİMATLAR:

a) Suşi Pirinci ve ekstra Suşi Pirinci Sosunu hazırlayın.

b) Şeftali dilimlerini orta boy bir kaseye yerleştirin. Suşi Pirinç Sosu, sarımsaklı biber sosu ve koyu susam yağını ekleyin. Kapatmadan önce şeftalileri turşunun içinde iyice karıştırın. Şeftalileri marine içinde oda sıcaklığında en az 30 dakika en fazla 1 saat kadar soğumaya bırakın.

c) 4 küçük servis kasesi toplayın. Her bir kaseye 1/2 su bardağı (100 gr) hazırlanmış Suşi Pirinci koymadan önce parmak uçlarınızı ıslatın. Pirincin yüzeyini yavaşça düzleştirin. Sosları, her kasenin üstünde çekici bir desenle eşit şekilde bölün ve porsiyon başına 3 şeftali dilimine izin verin. (Kaseleri doldurmadan önce şeftalilerdeki sıvının çoğunu boşaltabilirsiniz, ancak kurulamayın.)

d) İsterseniz daldırma için bir çatal ve soya sosu ile servis yapın.

# 23. Parma Jambonlu Kuşkonmaz

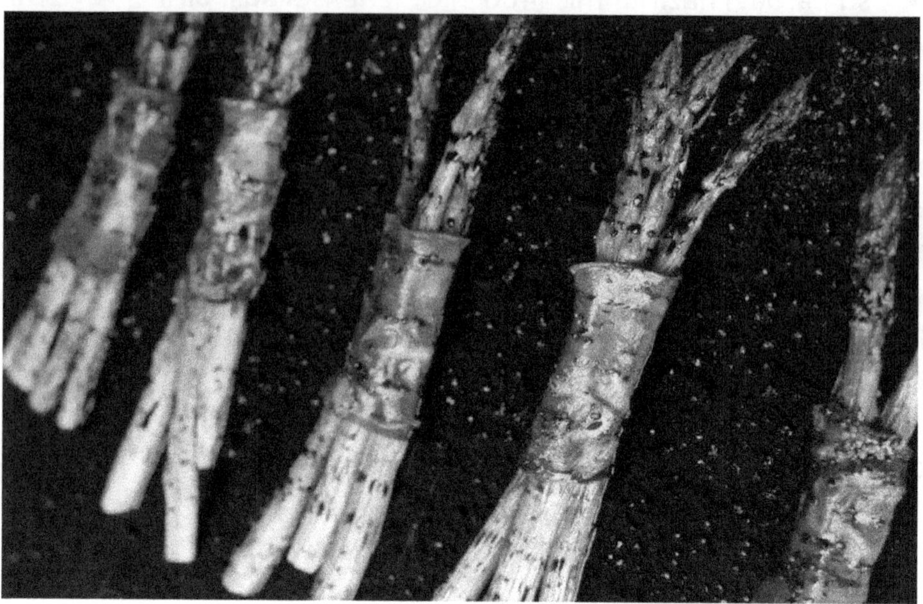

Yapar: 2

## İÇİNDEKİLER:

- 8 kuşkonmaz mızrağı
- 8 dilim Parma jambonu
- 2 yemek kaşığı zeytinyağı
- 2 yemek kaşığı parmesan, rendelenmiş

## TALİMATLAR:

a) Odun fırınını orta-yüksek sıcaklığa önceden ısıtın.

b) Kuşkonmaz mızraklarını bir tencerede hafifçe kaynayan suda iki dakika bekletip sonra çıkarıp buzlu suya veya soğuk akan suyun altına koyarak haşlayın.

c) Zeytinyağını ekledikten sonra ısınması için Grizzler'ınızı odun fırınınıza yerleştirin.

d) Parma jambonunun kenarını kuşkonmaz mızrağının etrafına sarın ve mızrağı jambonun içine tamamen kaplamak için yuvarlayın.

e) Grizzler'ı fırından çıkarın ve sarılı kuşkonmazı yerleştirin.

f) Kuşkonmazın üzerine parmesan serpin ve Grizzler'ı tekrar fırına verin.

g) Her bir tarafta iki dakika veya her iki tarafta ızgara izleri çıkana kadar ızgara yapın.

## 24.  <u>Prosciutto ve kavun ile meze tabağı</u>

Yapar: 12 Porsiyon

**İÇİNDEKİLER:**
- 8 ons İnce dilimlenmiş prosciutto
- Lahana Yaprakları
- 2 su bardağı kavun topları veya küpleri
- 1 su bardağı taze ananas küpleri
- ¼ fincan Şeritli badem, kızarmış
- 2 yemek kaşığı zeytinyağı
- 2 yemek kaşığı Beyaz balzamik sirke
- 2 yemek kaşığı ufalanmış mavi peynir

a) Her prosciutto dilimini sarın ve büyük bir marulla kaplı servis tabağına yerleştirin.

b) Prosciutto'nun etrafına meyve ve fındık koyun.

c) Zeytinyağı ve balzamik sirkeyi birleştirin ve karışımı her yerine gezdirin.

d) Mavi peynir serpin.

## 25. <u>Izgara chanterelles ve prosciutto sarılı incir</u>

Yapar: 4 porsiyon

**İÇİNDEKİLER:**
4 ons Prosciutto di Parma ince dilimlenmiş
½ su bardağı Sızma zeytinyağı
3 yemek kaşığı balzamik sirke
½ çay kaşığı Tuz
¼ çay kaşığı Biber
10 adet olgun ama sert Black Mission incir budanmış, uzunlamasına ikiye bölünmüş
4 ons Chanterelle mantarı temizlendi
8 su bardağı roka gevşekçe paketlenmiş yapraklar
¼ fincan Karışık yenilebilir çiçekler (isteğe bağlı)
1. Küçük, keskin bir bıçak kullanarak prosciuttodan yirmi adet 3'e 1 inçlik şeritler kesin. Kalan prosciutto'yu 1'e inçlik şeritler halinde kesin.
2. Küçük bir kapta zeytinyağı, balzamik sirke, tuz ve karabiberi çırpın. Sostan bir bardak ayırın ve bir kenara koyun. Kalan salata suyunu reaktif olmayan orta bir kaseye dökün. İncir yarımlarını ve mantarları ekleyin ve hafifçe atın. 30 dakika marine edelim.
3. Izgarayı yakın veya ızgarayı önceden ısıtın. İncir yarımlarını birer birer turşudan çıkarın ve büyük prosciutto şeritlerine ayrı ayrı sarın. Mantarlarla dönüşümlü olarak, sarılmış incir yarısından 5 tanesini 10 inç uzunluğundaki dört tahta şişin her birine geçirin.
Hafifçe kızarana kadar her iki tarafta yaklaşık 1 dakika ızgara yapın veya kızartın.
Bir tabağa aktarın.
4. Büyük bir salata kasesine rokayı ayırdığınız sosla birlikte atın.
4 büyük salata tabağına paylaştırın. Her salataya 1 şişten prosciutto sarılı incir ve mantarları dizin. Yenilebilir çiçek ve kalan küçük prosciutto şeritleri ile süsleyin. Hemen servis yapın.

# SANDVİÇ VE BURGER

# 26. Ekşi Maya, Provolon, Pesto

Yapar: 16

## İÇİNDEKİLER:

- 1/2 su bardağı Natürel Sızma Zeytinyağı
- 8 dilim ekşi mayalı ekmek
- 1/4 su bardağı pesto
- 16 ince dilim Provolone peyniri
- 12 ince dilim prosciutto
- 4 bütün, közlenmiş kırmızı biber, jülyen doğranmış

## TALİMATLAR:

a) Panini ızgaranızı üreticinin talimatlarına göre ısıtın.

b) Pestoyu ekmeğin her yarısına yayın, peynirin ½'sini, prosciutto'yu, biber şeritlerini ve kalan peyniri alt yarısına koyun ve sandviç yapmak için kapatın.

c) Üzerine biraz tereyağı koyun ve bu Panini'yi önceden ısıtılmış ızgarada yaklaşık 4 dakika veya dışı altın rengi kahverengi olana kadar pişirin.

# 27. <u>Seattle Tavuklu Sandviç</u>

Yapar: 6

**İÇİNDEKİLER:**
- 6 dilim italyan ekmeği
- 1/3 fincan fesleğenli pesto
- 3 ons dilimlenmiş prosciutto, isteğe bağlı
- 1 (14 oz.) kutu enginar kalbi, süzülmüş ve dilimlenmiş
- 1 (7 oz.) kavanoz kavrulmuş kırmızı biber, süzülmüş ve şeritler halinde kesilmiş
- 12 ons pişmiş tavuk, şeritler halinde kesilmiş
- 4-6 ons rendelenmiş provolon peyniri

**TALİMATLAR:**
a) Herhangi bir şey yapmadan önce fırını 450 F'ye ısıtın.
b) Her ekmek diliminin bir tarafını pesto ile kaplayın.
c) Ekmek dilimlerinin üzerine jambon dilimlerini, ardından enginar dilimlerini, kırmızı biber şeritlerini ve tavuk şeritlerini yerleştirin.
d) Bir kesme tahtası üzerine 6 parça folyo koyun. Her bir sandviçi yavaşça bir parça folyoya koyun ve etrafına sarın.
e) Onları bir fırın tepsisine koyun ve 9 dakika fırında pişirin.
f) Folyo parçalarını atın ve açık sandviçleri tekrar tepsiye yerleştirin.
g) Üzerlerine rendelenmiş peynir serpin. Sandviçleri fırında 4 dakika daha kızartın.
h) Sandviçlerinizi en sevdiğiniz soslarla sıcak olarak servis edin.
i) Eğlence.

# 28.  <u>Mesclun üzerinde İncirli Prosciutto ve Taleggio</u>

yapar:4

## İÇİNDEKİLER:

- 8 çok ince dilim ekşi mayalı ekmek veya baget
- 3 yemek kaşığı sızma zeytinyağı, bölünmüş
- 3-4 ons prosciutto, 8 dilime bölünmüş
- 8 ons olgun Taleggio peyniri, sekiz ¼ inç kalınlığında parçalara dilimlenmiş
- 4 büyük avuç salata bahar karışımı (mesclun)
- 2 yemek kaşığı kıyılmış taze kişniş
- 2 yemek kaşığı kıyılmış taze kişniş
- 1 yemek kaşığı taze limon suyu Tuz
- Karabiber
- 6 olgun siyah incir, dörde bölünmüş
- 1-2 çay kaşığı balzamik sirke

## TALİMATLAR:

a)      Ekmeği az miktarda zeytinyağı ile hafifçe fırçalayın ve bir fırın tepsisine yerleştirin. 2 Fırını 400°F'ye önceden ısıtın. Ekmeği en yüksek rafa yerleştirin ve yaklaşık 5 dakika veya gevrekleşmeye başlayana kadar pişirin. Çıkarın ve soğumaya bırakın, yaklaşık 10 dakika.

b)      Soğuyunca prosciutto dilimlerini Taleggio dilimlerinin etrafına sarın ve her birini bir parça ekmeğin üzerine koyun. Salatayı hazırlarken bir dakikanızı ayırın.

c)      Yeşillikleri yaklaşık 1 çorba kaşığı zeytinyağı, frenk soğanı ve frenk maydanozu ile karıştırın, ardından limon suyu, tuz ve karabiberle tatlandırın. 4 tabağa dizin ve incir çeyrekleriyle süsleyin.

d)      Kalan zeytinyağı ile salam sarılı paketlerin üstlerini fırçalayın, ardından büyük bir fırına dayanıklı tavaya koyun ve 5 ila 7 dakika veya peynir sızmaya başlayana ve prosciutto kenarlarında çıtır çıtır olana kadar pişirin.

e)      Kolileri hızla çıkarın ve her salataya yerleştirin, ardından balzamik sirkeyi sıcak tavaya sallayın. Isınması için döndürün, ardından salataların ve tostların üzerine dökün. Hemen servis yapın.

# 29. Çilekli Fesleğenli Prosciutto Izgara Peynir

## İÇİNDEKİLER:

- 12 ons Taze Mozzarella, dilimlenmiş
- 8 dilim beyaz ekmek, kalın kesilmiş
- 2 yemek kaşığı yumuşamış tereyağı
- 8 taze çilek (orta ila büyük), ince dilimlenmiş
- 12 taze fesleğen yaprağı, bütün
- 8 dilim prosciutto, ince kesilmiş
- 2 oz. balzamik sır

## TALİMATLAR:

a) Her birinin bir tarafına ekmek ve tereyağı dilimleri koyun.

b) Tereyağsız tarafa taze mozzarella peyniri, çilek, fesleğen yaprağı ve prosciutto koyun. Balzamik sır ile gezdirin; kalan ekmeği üstüne koyun ve önceden ısıtılmış yapışmaz bir tavaya aktarın.

c) Bir spatula ile bastırarak yaklaşık bir dakika pişirin. Altın kahverengi olana kadar çevirin ve tekrarlayın.

d) Çıkarın, istenirse üstüne ekstra balzamik sır gezdirin, kesin ve servis yapın.

# 30. <u>Mozzarella, Prosciutto ve İncir Reçeli</u>

yapar:4

## İÇİNDEKİLER:

- 4 yumuşak Fransız veya İtalyan rulo (veya varsa yarı pişmiş)
- 10-12 ons taze mozzarella, kalın dilimlenmiş
- 8 ons prosciutto, ince dilimlenmiş
- ¼-½ fincan incir reçeli veya incir konservesi, tatmak için
- Ekmeğin üzerine sürmek için yumuşak tereyağı

## TALİMATLAR:

a)     Her ruloyu ayırın ve mozzarella ve prosciutto ile katmanlayın. En üstteki dilimlere incir reçelini sürün ve kapatın.

b)     Her sandviçin dışını hafifçe yağlayın.

c)     Orta-yüksek ateşte ağır bir yapışmaz tava veya panini presi ısıtın. Sandviçleri, tepsinin boyutuna bağlı olarak iki parti halinde çalışarak tavaya yerleştirin.

d)     basınsandviçlerveya ızgarayı kapatın ve ekmek çıtır çıtır olana ve peynir eriyene kadar bir veya iki kez çevirerek kızartın. Rulolar yuvarlak olarak başlasa da, bir kez basıldığında oldukça düzleşir ve dikkatlice de olsa kolayca döndürülebilir.

# 31. Bocadillodanİbiza Adası

Yapar: 4

## İÇİNDEKİLER:

- 4 büyük yumuşak yassı Fransız veya İtalyan usulü rulo
- 6-8 diş sarımsak, ikiye bölünmüş
- 4-6 yemek kaşığı sızma zeytinyağı
- 1 yemek kaşığı domates salçası
- 2-3 büyük olgun domates, ince dilimlenmiş
- Kurutulmuş kekik cömert serpme
- 8 ince dilim İspanyol jamonu veya prosciutto gibi benzer jambon
- Manchego, Idiazábal, Mahon veya Ig Vella's semi secco veya Jack gibi bir California peyniri gibi yaklaşık 10 ons hafif ve eriyen ancak lezzetli peynir
- karışık akdeniz zeytini

## TALİMATLAR:

a)  Broyleri önceden ısıtın.

b)  Ruloları kesin ve ızgaranın altında her iki tarafını hafifçe kızartın.

c)  Her bir ekmek parçasının kesik tarafına sarımsak sürün.

d)  Sarımsaklı ekmeği zeytinyağı ile gezdirin ve dış kısımlarını biraz daha yağ ile fırçalayın. Domates salçasını hafifçe yayın, ardından dilimlenmiş domatesleri ve sularını ruloların üzerine koyun, salça ve domateslerin suları ekmeğe emilmesi için bastırın.

e)  Ufalanmış kekik serpin, ardından jambon ve peynirle kaplayın. Kapatın ve iyice bastırın, ardından zeytinyağı ile hafifçe fırçalayın.

f)  Ağır bir yapışmaz tavayı veya panini presini orta-yüksek ateşte ısıtın, ardından sandviçleri ekleyin. Bir tava kullanıyorsanız, ağırlığısandviçler aşağı.

g)  Isıyı orta-düşük seviyeye indirin ve dışı hafifçe gevrekleşene ve peynir erimeye başlayana kadar pişirin. İkinci tarafta ciro ve kahverengi.

h)  İkiye bölün ve hemen yanında bir avuç karışık zeytin ile servis yapın.

## 32.  Zeytinli Ekmek Üzeri Domates ve Mahon Peyniri

4 OLUR

## İÇİNDEKİLER:

- 10—12 taze, küçük adaçayı yaprağı
- 3 yemek kaşığı tuzsuz tereyağı
- 1 yemek kaşığı sızma zeytinyağı
- 8 dilim köy ekmeği
- 4 ons prosciutto, ince dilimlenmiş
- Fontina, yaşlı Beaufort veya Emmentaler gibi 10-12 ons tam aromalı dağ peyniri
- 2 diş sarımsak, kıyılmış

## TALİMATLAR:

a)    Ağır bir yapışmaz tavada adaçayı yapraklarını, tereyağını ve zeytinyağını orta-düşük ateşte tereyağı eriyip köpürene kadar karıştırın.

b)    Bu arada, 4 dilim ekmeği üstüne prosciutto, ardından fontina ve ardından bir tutam sarımsak koyun. Kalan ekmeği üstüne yerleştirin ve sıkıca bastırın.

c)    Sandviçleri sıcak adaçayı yağı karışımına yavaşça yerleştirin; bunları birkaç parti halinde yapmanız veya 2 tava kullanmanız gerekebilir. ile ağırlıküstüne ağır bir kızartma tavasısandviçleri aşağı bastırmak için. Dışı hafifçe çıtır çıtır olana ve peynir erimeye başlayana kadar pişirin. İkinci tarafta ciro ve kahverengi.

d)    Sandviçleri sıcak ve çıtır çıtır servis edin, çapraz olarak ikiye bölün. Adaçayı yapraklarını atın ya da kıtır kıtır ve esmerleşmiş halde kemirin.

# 33. Kübalılar

Yapar: 4

**İÇİNDEKİLER:**
- 4 (6 inç) kahraman rulosu
- ¼ su bardağı (½ çubuk) tuzsuz tereyağı, oda sıcaklığında
- 4 çay kaşığı Dijon hardalı
- ¼ bardak mayonez (mağazadan satın alınmış veya ev yapımı)
- ½ pound ince dilimlenmiş İsviçre peyniri
- 1 su bardağı süzülmüş Dökme Turşu veya ince dilimlenmiş dereotu turşusu
- ½ pound ince dilimlenmiş artık rosto domuz omzu (yaklaşık 6 dilim)
- ½ pound ince dilimlenmiş prosciutto cotto

a) Ekmeği yağlayın. Ruloları yatay olarak ortadan ikiye kesin. Her yarının dışını tereyağı ile yayın. Kesilmiş tarafı yukarı gelecek şekilde bir tepsiye yerleştirin.

b) Sandviçi yap. Her rulo tabanına 1 çay kaşığı hardal ve her rulo üstüne 1 çorba kaşığı mayonez sürün. Peynir dilimlerini ortadan ikiye kesin ve rulo tabanlarına paylaştırın. Üstüne bir kat turşu, rosto domuz eti ve jambon koyun. Rulo üstleri ile örtün.

c) Sandviçleri ızgara yapın. Büyük bir dökme demir tavayı orta-düşük sıcaklıkta sıcak olana kadar ısıtın. Gerekirse gruplar halinde çalışarak sandviçleri dikkatlice tavaya aktarın. Alüminyum folyo ile örtün ve üstüne büyük bir ağır tencere yerleştirin.

d) Altları altın rengi kahverengi ve çıtır çıtır olana kadar 4 ila 5 dakika boyunca tencerenin üzerine ara sıra bastırarak pişirin.

e) Sandviçleri çevirin ve alüminyum folyo ile ağır tencereyi değiştirin.

f) İkinci taraf altın rengi kahverengi olana ve peynir tamamen eriyene kadar 4 ila 5 dakika pişirin. Bir kesme tahtasına aktarın ve sandviçleri açılı olarak ikiye bölün.

g) Servis tabaklarına aktarın ve servis yapın.

# 34. <u>İncir ve salamlı sandviçler</u>

Yapar: 2 porsiyon

**İÇİNDEKİLER:**
1 somun biberiyeli çeşit
3 İncir; ince yuvarlaklar halinde kesin
1 dilim salam
1 avuç yıkanmış roka
Zeytin yağı
taze çekilmiş karabiber; tatmak

4 adet focaccia'yı dikey olarak ince ince dilimleyin. Bir parça focaccia üzerine incir tabakasını yerleştirin. Bir dilim prosciutto ve bir avuç roka ekleyin.

Rokayı zeytinyağı ile serpin. Biberle tatlandırın. Düzleştirmek için sandviç üzerine sıkıca bastırın. Yarıdan kes.

# ŞEBEKE

# 35. <u>Kivi meyvesi ve Karides</u>

Yapar: 4 Porsiyon

## İÇİNDEKİLER:

- 3 kivi meyvesi
- 3 yemek kaşığı zeytinyağı
- 1 pound Karides, soyulmuş
- 3 yemek kaşığı Un
- ¾ su bardağı prosciutto, ince şeritler halinde kesilmiş
- 3 Arpacık soğan, ince kıyılmış
- ⅓ çay kaşığı Pul Biber
- ¾ fincan sek beyaz şarap

## TALİMATLAR:

a) Kiviyi soyun. 4 dilimi süslemek için ayırın ve kalan meyveyi doğrayın. Ağır bir tavada veya wok'ta yağı ısıtın. Karidesleri una bulayın ve , 30 saniye soteleyin.

b) Prosciutto, arpacık ve biber tozu ekleyin. 30 saniye daha soteleyin. Doğranmış kiviyi ekleyin ve , 30 saniye soteleyin. Şarap ekleyin ve yarı yarıya azaltın.

c) Hemen servis yapın.

## 36. <u>Prosciutto & Pesto Pirzola</u>

Yapar: 2

## İÇİNDEKİLER:

- 4 dilim salam
- 4 kuzu pirzola
- 2 yemek kaşığı fesleğen pesto

## TALİMATLAR:

a) Hava fritözünü önceden 180ºC'ye 3 dakika ısıtarak hazırlayın.

b) Pirzolaları hava fritözüne dizin ve 200ºC'de 5 dakika pişirin.

c) 4 şerit jambonu bir yüzeye yayın ve her pirzolayı bir prosciutto şeridinin üzerine koyun.

d) Basil Pesto ile yayın ve prosciutto'yu pirzola etrafına sarın.

e) 7 dakika boyunca fritöz sepetine geri dönün.

## 37.  <u>Balzamik soslu tavuk</u>

Yapar: 4 Porsiyon

**İÇİNDEKİLER:**

- 1 (3 1/2 ila 4 pound) tavuk
- 2 diş sarımsak, ince kıyılmış
- 4 yemek kaşığı doğranmış biberiye yaprağı
- 2 yemek kaşığı taze çekilmiş karabiber
- 1 çay kaşığı Deniz tuzu
- 3 yemek kaşığı sızma zeytinyağı
- 2 ons prosciutto kabuğu
- 2 ons Parmesan kabuğu
- 2 orta Kırmızı soğan, Parçalara ayrılmış
- 1 inçlik diskler
- 1 Bardak Lombroso
- 4 yemek kaşığı balzamik sirke
- 6 büyük Radicchio di Treviso
- 2 yemek kaşığı Natürel sızma zeytinyağı

**TALİMATLAR:**

a) Izgarayı 375 dereceye ısıtın.

b) Tavuğu durulayın ve kurulayın. Sakatatları çıkarın ve bir kenara koyun.

c) Sarımsak, biberiye, biber ve deniz tuzunu birlikte doğrayın ve sızma zeytinyağı ile karıştırın. Biberiye karışımıyla tavuğun dışını her yerine sürün. Prosciutto ve Parmesan kabuklarını boşluğun içine yerleştirin ve gece boyunca buzdolabında bekletin.

d) Ağır tabanlı küçük bir kızartma tavasının dibine soğan disklerini ve sakatatları yerleştirin. Tavuğu göğüs kısmı yukarı gelecek şekilde soğanların üzerine yerleştirin. Soğanların üzerine bir bardak Lombroso dökün ve 4 yemek kaşığı balzamik sirke ile tavuğun her tarafını ovun.

e) Izgaraya koyun ve 1 saat 10 dakika pişirin.

f) Radicchio'yu uzunlamasına ikiye bölün ve ızgaraya yerleştirin ve her bir tarafını 3-4 dakika pişirin. Izgaradan çıkarın ve sızma zeytinyağı ile fırçalayın ve bir kenara koyun. Kuşu ızgaradan çıkarın ve 5 dakika dinlenmeye bırakın. Tavuğu oymalı bir tabağa alın. Soğanları ve sakatatları suyuyla birlikte bir tabağa koyun. Tavuğu dilimleyin, üzerine kalan sirkeyi gezdirin ve hemen servis yapın.

## 38.  <u>Fesleğenli Tavuk</u>

Yapar: 4

## İÇİNDEKİLER:
- 4 derisiz, kemiksiz yarım tavuk göğsü
- 1/2 su bardağı hazırlanmış fesleğen pesto, bölünmüş
- 4 ince dilim prosciutto veya gerekirse daha fazla

## TALİMATLAR:
a) Bir fırın tepsisini yağlayın ve başka bir şey yapmadan önce fırınınızı 400 dereceye ayarlayın.

b) Her bir tavuk parçasının üzerine 2 yemek kaşığı pesto sos koyun ve her birini bir parça prosciutto ile kaplayın.

c) Sonra her şeyi tabağa koyun.

d) Tavuk tamamen bitene kadar her şeyi fırında 30 dakika pişirin.

e) Eğlence.

## 39. Sebze ve Jambon Şeritleri Üzerinde Bıldırcın

## İÇİNDEKİLER:

- 4 T. bitkisel yağ
- 1 ton kıyılmış taze zencefil
- 3 bıldırcın, bölünmüş
- Tuz ve biber
- 3-4 T. tavuk suyu
- 1 orta boy kabak, ince şeritler halinde kesilmiş
- 1 havuç, kazınmış ve ince şeritler halinde kesilmiş
- 4 bütün taze soğan, ince şeritler halinde kesilmiş
- 2 büyük brokoli sapı, soyulmuş ve ince şeritler halinde kesilmiş
- 2 oz. ince şeritler halinde kesilmiş köy jambonu veya prosciutto

## TALİMATLAR:

a) Büyük bir tavada veya wok'ta 2 yemek kaşığı yağı zencefille ısıtın.

b) Bıldırcınları her taraftan kızartın. Onları tuzlayın ve biberleyin. Biraz et suyu ekleyin, örtün ve 15 dakika boyunca yavaşça buharda pişirin.

c) Bıldırcınları suyuyla birlikte çıkarın ve sıcak tutun. Yapar: 2-3.

# 40. <u>Brüksel lahanası ile Tavuk & Prosciutto</u>

## İÇİNDEKİLER:

- 2 lbs. tavuk bonfile
- 115 gram. prosciutto
- 12 ons Brüksel lahanası
- 1/2 bardak tavuk suyu
- 1 1/2 su bardağı ağır krema
- 1 çay kaşığı kıyılmış sarımsak
- 1 limon, dörde bölünmüş ve çekirdekleri çıkarılmış
- Kızartmak için sıvıyağ veya hindistan cevizi yağı

## TALİMATLAR:

a) Fırını 400 derece F'ye ısıtın.

b) Brüksel lahanalarını ortadan ikiye kesip 5 dakika haşlayın. Ateşten alın ve bir kenara koyun.

c) Bir tavada 1/2 su bardağı tavuk suyu ekleyin ve orta ateşte kaynatın. Daha sonra ağır krema, kıyılmış sarımsak ve limonu ekleyin ve sık sık karıştırarak 5-10 dakika kaynamaya bırakın. Ateşten alın ve bir kenara koyun.

d) Ayrı bir tavada biraz sıvıyağ kızdırılır ve tavuklar eklenir. Orta-yüksek ateşte birkaç dakika pişirin ve ardından tavuk pişene kadar doğranmış prosciutto ekleyin.

e) Küçük bir güveç kabında (9×9) ve aşağıdan yukarıya doğru katlayın: Brüksel lahanası, tavuk, prosciutto, üstüne limonlu krema sosu.

f) Önceden ısıtılmış fırında 20 dakika pişirin. Sıcak servis yapın.

## 41.  <u>Lezzetli Etli Köfte</u>

## İÇİNDEKİLER:

- 7 ons prosciutto, ince dilimlenmiş
- 7 ons provolon, ince dilimlenmiş
- 2 su bardağı bebek ıspanak
- 1 su bardağı domates sosu
- ½ su bardağı domates salçası
- 1 yemek kaşığı elma sirkesi
- 4 yemek kaşığı stevia
- 1 pound öğütülmüş domuz eti
- ½ soğan, doğranmış
- ½ kap dolmalık biber, doğranmış
- 2 diş sarımsak, kıyılmış
- ¼ bardak parmesan peyniri, rendelenmiş
- 2 organik yumurta
- 1 çay kaşığı kekik, kurutulmuş
- 1 çay kaşığı fesleğen, kurutulmuş
- Tatmak için biber ve tuz
- 1 yemek kaşığı tereyağı

## TALİMATLAR:

a) Fırını 350 F'ye ayarlayın.

b) Orta ateşte bir tavada tereyağını eritin. Körpe ıspanakları içine atıp tuz ve karabiberle tatlandırın. Yapraklar soluncaya kadar pişirin.

c) Bir kasede domates sosu ve salçayı, elma şarabı ve stevia ile birleştirin. Karıştırın ve kenara koyun.

d) Başka bir kapta domuz eti, soğan, dolmalık biber, sarımsak, parmesan ve otları birleştirin. İyice karıştırın.

e) Yaklaşık 10 inçlik bir parşömen kağıdı koyun ve eti üstüne yayın. Bir köfte oluşturmak için prosciutto'yu ve ardından ıspanağı ve provolonu üstüne yerleştirin. Kenarları kapatın.

f) Köfteyi folyo ile kaplı bir somun tepsisine yerleştirin ve üzerine domates sosu dökün.

g) Fırında bir saatten biraz fazla veya iç sıcaklık 165 F'ye ulaşana kadar pişirin.

## 42. __Ördek göğsü prosciutto__

## İÇİNDEKİLER:

- 2 ördek göğsü
- ½ fincan açık kahverengi şeker
- ¼ bardak koşer tuzu
- 2 çay kaşığı ince kıyılmış portakal kabuğu
- 2 çay kaşığı öğütülmüş kişniş
- 1 çay kaşığı öğütülmüş adaçayı
- 1 çay kaşığı taze çekilmiş karabiber

## TALİMATLAR:

a) Ördek göğüslerinin deri tarafını çapraz olarak çok keskin bir bıçağı derinin üzerinden ve yağ kapağından geçirerek çapraz olarak çizin ve yaklaşık ½ inç aralıklı kesikler yapın.

b) Küçük bir kapta şeker, tuz, portakal kabuğu rendesi, kişniş, adaçayı ve biberi karıştırın. Bu kürü, derinin yarıkları da dahil olmak üzere ördeğin her iki tarafına sürün. Ördeği deri tarafı yukarı gelecek şekilde tabağa geri koyun. Çanağı plastik ambalajla sıkıca kapatın ve 4 gün buzdolabında saklayın.

c) Ördek göğüslerini ters çevirin ve tabağı tekrar streç filmle sıkıca kapatın. 3 gün daha buzdolabında bekletin.

d) Bu noktada ördeğin koyu kırmızı bir rengi olmalı ve iyi pişmiş bir biftek gibi her tarafı sert olmalıdır. Bu, etinizin iyileştiği anlamına gelir. Hala çok yumuşak geliyorsa, eti tekrar çevirin ve bir veya iki gün daha bekletin.

e) Ördeğinizin güvenli bir şekilde yenebilmesi için önceden ısıtılmış fırına yağlı tarafı yukarı gelecek şekilde ızgaraya yerleştirin. Ördeği yaklaşık 25 dakika veya 160°F (70°C) dahili sıcaklığa ulaşana kadar ısıtın.

f) Ördeği iyice durulayın ve çok kurulayın. Servis yapmadan önce jilet inceliğinde dilimleyin.

## 43. <u>Prosciutto ve adaçayı ile tavuk göğsü</u>

Yapar: 2 Porsiyon

**İÇİNDEKİLER:**
1 Bütün kemiksiz derisiz tavuk göğsü
Tuz ve karabiber ile tatlandırılmış un
2 yemek kaşığı tuzsuz tereyağı
½ bardak Kuru beyaz şarap
¾ çay kaşığı Kurutulmuş adaçayı; ufalanmış
2 ons Prosciutto; julienned
Tavuk göğsünü uzunlamasına ikiye bölün ve streç film tabakaları arasında hafifçe düzleştirin.

Tavuğu terbiyeli una hafifçe serpin. Büyük bir tavada tereyağını orta derecede yüksek ateşte köpük azalana kadar ısıtın ve içinde tavuğu kurulayın ve tadına göre tuz ve karabiberle tatlandırın, her iki tarafını 2 dakika veya hafifçe kızarana kadar soteleyin. Tavuğu maşayla ısıtılmış bir tabağa aktarın ve önceden ısıtılmış 250 derecelik fırında üstü kapalı olarak sıcak tutun.

Tavaya beyaz şarabı ve adaçayı ekleyin, karıştırarak kaynatın ve 1 dakika kaynatın. Tavuğu, tabakta biriken tüm suları ve prosciutto ile ekleyin, karışımı kapağın altında 4 ila 5 dakika veya tavuk dokunulabilecek kadar yaylanana ve tamamen pişene kadar pişirin ve tuz ve karabiberle baharatlayın. Tavuğu 2 tabağa aktarın ve üzerine prosciutto sosu kaşıklayın.

## 44.  <u>Prosciutto ve incirli tavuk paillards</u>

Yapar: 8 Porsiyon

**İÇİNDEKİLER:**
- 6 yemek kaşığı Beyaz sirke
- 3 yemek kaşığı taze biberiye, ince kıyılmış
- 1 çay kaşığı pul biber
- 2 yemek kaşığı taze limon suyu
- 1 Bütün limon, yuvarlak dilimlenmiş
- 1 çay kaşığı Tuz
- ¼ çay kaşığı Taze çekilmiş karabiber
- ¼ su bardağı zeytinyağı
- 8 Bütün kemikli ve derisi yüzülmüş
- Yarım tavuk göğsü, Dövülmüş 1/4 inç kalınlığında
- 16 Bütün incir
- 1 kilo köy ekmeği, dilimlenmiş
- 8 dilim Prosciutto

Şarap, kıyılmış biberiye, pul biber, limon suyu, tuz, karabiber ve yağı birleştirin.

Büyük, sığ, reaktif olmayan bir tabağa dökün. Marine etmek için tavuk göğsü, limon dilimleri ve 3 dal biberiye ekleyin. Örtün, 3 saat veya bir geceye kadar soğutun, ara sıra tavuğu çevirin.

Izgarayı yağ ile fırçalayın. Izgarayı orta sıcaklığa ısıtın. Tavuğu pişirmeden hemen önce ızgarayı tekrar yağlayın. Tavuğu, suları berraklaşana kadar her bir tarafı için 3 ila 5 dakika ızgara yapın; kenara koymak Bütün incirleri ızgaranın en soğuk kısmında yumuşak ve ılık olana kadar 3 ila 6 dakika ızgara yapın.

Ekmeği her iki tarafta kızarana kadar ızgara yapın. Prosciutto'yu her tavuk göğsünün etrafına gevşek bir şekilde sarın. Bir tepsiye dizin. Biberiye ile süsleyip Balzamik İncir sos, incir ve ekmekle servis edin.

# 45. Fesleğen ve Prosciutto Sarılmış Halibut

Yapar: 2 porsiyon

## İÇİNDEKİLER:
- 6 yaprak fesleğen
- 2 dilim salam
- 2 (4 ons) pisi balığı filetosu
- ½ çay kaşığı adobo baharatı
- 1 yemek kaşığı zeytinyağı

## TALİMATLAR:
a) Fırını 200 derece C'ye (400 derece F) ısıtın.

b) Her jambon dilimine 3 fesleğen yaprağı koyun. Pisi balığı filetolarını Adobo baharatıyla baharatlayın, hazırlanan prosciutto dilimlerinin bir tarafına koyun ve balık filetolarını prosciutto ve fesleğenle sarın.

c) Orta-yüksek ateşte fırında güvenli bir tava ayarlayın. Tava kızdığında zeytinyağını dökün ve sarılı pisi balığı filetolarını tavaya koyun.

d) Filetoları prosciutto altın rengi kahverengi olana kadar yaklaşık 4 dakika pişirin. Filetoları ters çevirin ve tavayı önceden ısıtılmış fırına taşıyın. Balık dokunulduğunda sertleşene ve yaklaşık 5 dakika pişene kadar pişirin.

# 46.  <u>Otlu keçi peyniri ve prosciutto karides</u>

Yapar: 4 porsiyon

**İÇİNDEKİLER:**
12 yemek kaşığı Keçi peyniri
1 çay kaşığı kıyılmış taze maydanoz
1 çay kaşığı Doğranmış taze tarhun
1 çay kaşığı kıyılmış taze kişniş
1 çay kaşığı kıyılmış taze kekik
2 çay kaşığı Kıyılmış sarımsak
Tuz ve biber
12 büyük Karides, soyulmuş, kuyruklu ve
kelebekli
12 ince dilim prosciutto
2 yemek kaşığı zeytinyağı
Beyaz trüf çiselemesi
Yağ
Bir karıştırma kabında peyniri, otları ve sarımsağı birlikte karıştırın. Karışımı tuz ve karabiberle tatlandırın. Karidesleri tuz ve karabiberle tatlandırın. Her karidesin boşluğuna bir çorba kaşığı doldurun. Her karidesi bir parça prosciutto ile sıkıca sarın. Bir sote tavasında zeytinyağını kızdırın. Yağ kızdığında, doldurulmuş karidesleri ekleyin ve her iki tarafını 2-3 dakika ya da karidesler pembeleşene ve kuyrukları vücutlarına doğru kıvrılana kadar kızartın. Tavadan çıkarın ve geniş bir tabağa koyun. Karidesleri trüf yağı ile gezdirin.

Maydanozla süsleyin.

# 47. <u>Pazı ve prosciutto ile sotelenmiş taban</u>

Yapar: 1 Porsiyon

**İÇİNDEKİLER:**
2 demet pazı
2 yemek kaşığı sızma zeytinyağı
4 Fileto tabanı, kemikleri ve derisi alınmış
¼ bardak terbiyeli un
2 ons Prosciutto di San Daniele, ince dilimlenmiş, julienned
2 portakalın kabuğu artı
1 portakalın suyu
1 tutam Tarçın
2 ons Sızma zeytinyağı
½ Kırmızı soğan, dilimlenmiş, kağıt inceliğinde
İki demet temiz kırmızı pazı (diğer kullanım için yaprakları çıkarılmış). Kesilen uçtaki sapları 6 inç uzunluğa kadar kesin.

Kaynatmak için bir litre su getirin ve buz banyosunu ayarlayın. Sapları yumuşayana kadar kaynar suda 3 ila 4 dakika pişirin ve buzlu suda şoklayın. Çıkarın ve boşaltın. ¼ inçlik jülyen şeklinde kesin ve kaseye yerleştirin. 8 inçlik yapışmaz bir tavada, sızma zeytinyağını duman çıkana kadar ısıtın. Dil filetolarını terbiyeli una bulayın ve tavaya yerleştirin. Bir tarafı kızarana kadar yaklaşık iki dakika pişirin. Çevirin ve diğer tarafta 30 saniye daha pişirin. Sıcak plakaya çıkarın.

Tavaya pazı saplarını ekleyin ve tuz ve karabiberle tatlandırın. Prosciutto, portakal kabuğu rendesi, tarçın, zeytinyağı ve kırmızı soğan ekleyin ve yaklaşık 30 saniye boyunca kaplayın. Üzerine bir çorba kaşığı portakal suyu serpin ve tekrar atın. Tuz ve karabiber serpin ve dört tabağa bölün. Her tabağa birer fileto fileto koyun ve servis yapın.

# MAKARNA

# 48. Yabani ve egzotik mantarlı lazanya

Yapar: 9 porsiyon

## İÇİNDEKİLER:

- 2 yemek kaşığı zeytinyağı
- 1 büyük soğan; kıyılmış
- 2 ons domuz pastırması; ince doğranmış
- 2 yemek kaşığı kıyılmış arpacık
- 2 yemek kaşığı kıyılmış sarımsak
- ½ su bardağı ince kıyılmış maydanoz
- 1 pound çeşitli yabani ve egzotik mantarlar
- 2 yemek kaşığı kıyılmış fesleğen
- 1 yemek kaşığı kıyılmış taze kekik
- ⅔ fincan sek beyaz şarap
- 1½ pound konserve ezilmiş domates; 2 liraya
- 2 su bardağı taze ricotta peyniri
- 1 yumurta
- 2 su bardağı rendelenmiş Parmigiano-Reggiano peyniri
- ½ su bardağı rendelenmiş mozzarella peyniri
- 1 tuz; tatmak
- 1 taze çekilmiş karabiber
- 1 pound lazanyada kesilmiş taze makarna yaprakları; geziler, beyazlatılmış,
- ½ fincan ağır krema
- ¼ bardak süt
- 8 adet kurutulmuş fesleğen yaprağı

## TALİMATLAR:

a) Fırını 350 dereceye ısıtın. 13'e 9 inçlik dikdörtgen bir fırın tepsisini hafifçe yağlayın. Büyük bir Sote tavasında zeytinyağını ısıtın.

b) Yağ kızınca soğanları ve prosciutto'yu yaklaşık 4 dakika veya soğanlar soluncaya ve hafifçe karamelleşene kadar soteleyin.

c) ½ fincan maydanoz, arpacık ve mantarları karıştırın. 10 dakika veya mantarlar altın rengi kahverengi olana kadar soteleyin. Tuz ve karabiber serpin.

d) Sarımsak, fesleğen ve kekiği karıştırın. Mantar karışımını süzün ve sıvıyı ayırın. Sıvıyı tekrar tavaya koyun ve sıvı bir sır oluşturana kadar yaklaşık 5 dakika azaltın. Herhangi bir parçacığı gevşetmek için ara sıra kenarları kazıyın.

e) Şarabı ekleyin ve aynı işlemi uygulayın. Domatesleri ekleyin ve 10 dakika pişirmeye devam edin.

f)  Tuz ve karabiber serpin. Mantar karışımını sosa ekleyin.

g)  Bir karıştırma kabında Ricotta peyniri, yumurta, kalan maydanoz, ½ su bardağı rendelenmiş Parmigiano-Reggiano peyniri ve Mozzarella peynirini karıştırın.

h) Tuz ve karabiber serpin. Birleştirmek için, fırın tepsisinin altına az miktarda sos dökün. Parmesan peyniri serpin. Sosun üzerine bir kat makarna koyun. Peyniri makarnanın üzerine yayın.

i)  Kremayı kalan peynirle karıştırın.

j)  Tuz ve karabiber serpin. Lazanyanın üst kısmına dökün. Lazanyayı örtün. 30 dakika kapalı ve 10 ila 15 dakika açıkta veya lazanya altın rengi kahverengi olana ve sertleşene kadar pişirin.

k) Lazanyayı fırından çıkarın ve dilimlemeden önce 10 dakika dinlendirin. Lazanyanın bir kısmını tabağın ortasına yerleştirin.

l)  Rendelenmiş peynir ve kızarmış fesleğen yaprakları ile süsleyin.

## 49. <u>Fesleğen ve Prosciutto Sarılmış Halibut</u>

Yapar: 2 porsiyon

## İÇİNDEKİLER:

- 6 yaprak fesleğen
- 2 dilim salam
- 2 (4 ons) pisi balığı filetosu
- ½ çay kaşığı adobo baharatı
- 1 yemek kaşığı zeytinyağı

## TALİMATLAR:

e) Fırını 200 derece C'ye (400 derece F) ısıtın.

f) Her jambon dilimine 3 fesleğen yaprağı koyun. Pisi balığı filetolarını Adobo baharatıyla baharatlayın, hazırlanan prosciutto dilimlerinin bir tarafına koyun ve balık filetolarını prosciutto ve fesleğenle sarın.

g) Orta-yüksek ateşte fırında güvenli bir tava ayarlayın. Tava kızdığında zeytinyağını dökün ve sarılı pisi balığı filetolarını tavaya koyun.

h) Filetoları prosciutto altın rengi kahverengi olana kadar yaklaşık 4 dakika pişirin. Filetoları ters çevirin ve tavayı önceden ısıtılmış fırına taşıyın. Balık dokunulduğunda sertleşene ve yaklaşık 5 dakika pişene kadar pişirin.

## 50. Tavuklu Alfredo Lazanya

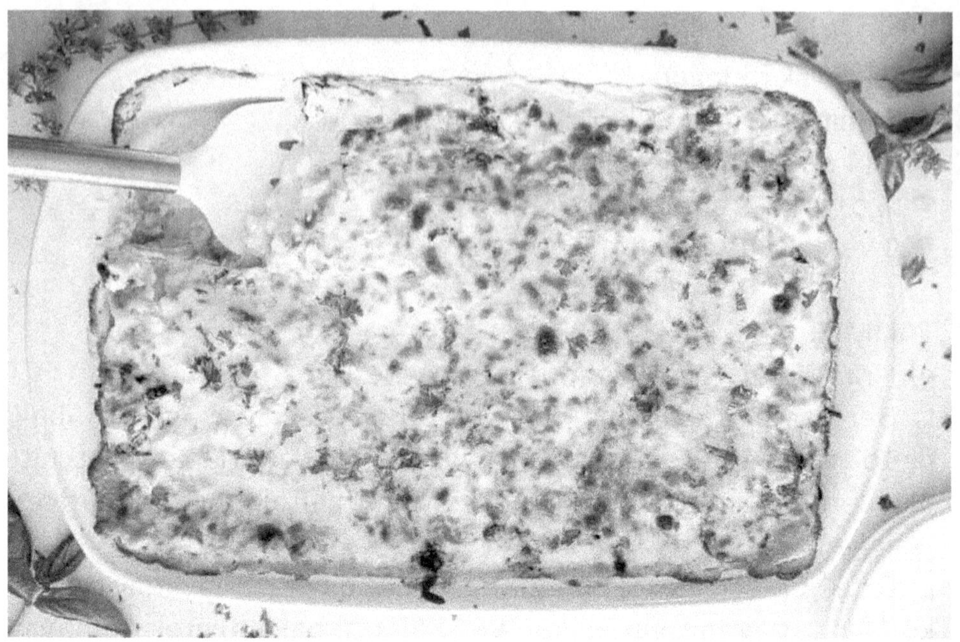

## İÇİNDEKİLER:

- 4 ons ince dilimlenmiş pancetta, şeritler halinde kesin
- 3 ons ince dilimlenmiş prosciutto veya şarküteri jambonu, şeritler halinde kesin
- 3 su bardağı rendelenmiş tavuk döner
- 5 yemek kaşığı tuzsuz tereyağı, küp
- 1/4 su bardağı çok amaçlı un
- 4 su bardağı tam yağlı süt
- 2 su bardağı rendelenmiş Asiago peyniri, bölünmüş
- 2 yemek kaşığı kıyılmış taze maydanoz, bölünmüş
- 1/4 çay kaşığı iri öğütülmüş biber
- Yer fıstığı serpiştirin
- 9 adet pişmemiş lazanya eriştesi
- 1-1/2 su bardağı rendelenmiş kısmen yağsız mozzarella peyniri
- 1-1/2 su bardağı rendelenmiş Parmesan peyniri

## TALİMATLAR:

a) Büyük bir tavada pancetta ve prosciutto'yu orta ateşte kızarana kadar pişirin. Kağıt havluların üzerine boşaltın. Büyük bir kaseye aktarın; tavuk ekleyin ve birleştirmek için fırlatın.

b) Sos için, büyük bir tencerede orta ateşte tereyağını eritin. Unu pürüzsüz olana kadar karıştırın; yavaş yavaş sütü çırpın. Sürekli karıştırarak kaynatın; pişirin ve 1-2 dakika veya koyulaşana kadar karıştırın. Ateşten alın; 1/2 su bardağı Asiago peyniri, 1 yemek kaşığı maydanoz, biber ve muskat ekleyin.

c) Fırını 375°'ye ısıtın. 1/2 su bardağı sosu yağlanmış 13x9-in içine yayın. fırın tepsisi. Şunların her birinden üçte birini katlayın: erişte, sos, et karışımı, Asiago, mozzarella ve Parmesan peynirleri. Katmanları iki kez tekrarlayın.

d) Fırında, kapalı, 30 dakika. Ortaya çıkarmak; 15 dakika daha uzun veya kabarcıklı olana kadar pişirin. Kalan maydanozu serpin. Servis yapmadan önce 10 dakika bekletin.

# 51.   <u>Votka Soslu Penne</u>

Yapar: 4

## İÇİNDEKİLER:
- 16 ons Penne makarna
- 1 yemek kaşığı zeytinyağı
- 1 adet doğranmış soğan
- 3 diş kıyılmış sarımsak
- ¼ lb doğranmış prosciutto
- 28 ons konserve ezilmiş domates
- 1 su bardağı domates sosu
- ½ su bardağı votka
- 1 su bardağı yoğun krema
- 1 bardak Parmesan peyniri
- ½ su bardağı kıyılmış taze fesleğen yaprağı
- ¼ çay kaşığı kekik
- 1 yemek kaşığı kıyılmış maydanoz
- tatmak için tuz
- 1 çay kaşığı şeker

## TALİMATLAR:
a) Makarnayı tuzlu suda 10 dakika haşlayın. Boşaltmak.
b) Yağı büyük bir tavada veya başka bir tencerede ısıtın.
c) Soğanı, sarımsağı, jambonu 2 dakika soteleyin.
d) Doğranmış domatesleri ve domates sosunu ekleyin.
e) Karıştırın ve 5 dakika pişirin.
f) Votka ve ağır kremayı ekleyin ve 20 dakika pişirin.
g) Fesleğen, kekik, maydanoz, tuz ve şekerle tatlandırın.
h) Tatlandırın ve baharatı ayarlayın.
i) Pişmiş makarna ve parmesan peynirini ilave edip 5 dakika pişirin.

# 52.  Brüksel lahanalı limonlu fesleğenli makarna

Yapar: 8

**İÇİNDEKİLER:**

● Bucatini veya fettuccine gibi 1 (1 pound) kutu uzun kesilmiş makarna
● 4 ons ince dilimlenmiş prosciutto, yırtılmış
● 3 yemek kaşığı sızma zeytinyağı
● 1 pound Brüksel lahanası, ikiye bölünmüş veya büyükse dörde bölünmüş
● Kaşar tuzu ve taze çekilmiş karabiber
● 2 yemek kaşığı balzamik sirke
● 1 jalapeño biber, tohumlanmış ve doğranmış
● 1 yemek kaşığı taze kekik yaprağı
● 1 su bardağı Limonlu Fesleğen Pesto
● 4 ons keçi peyniri, ufalanmış
● ⅓ su bardağı rendelenmiş Manchego peyniri
● 1 limonun kabuğu ve suyu

**TALİMATLAR:**

a) Fırını 375 ° F'ye ısıtın.

b) Büyük bir tencerede tuzlu suyu yüksek ateşte kaynatın. Makarnayı ekleyin ve paketin üzerindeki tarife göre al dente olana kadar pişirin. Makarna pişirme suyundan 1 su bardağı ayırıp süzün.

c) Bu arada, prosciutto'yu parşömen kağıdıyla kaplı bir fırın tepsisine eşit bir tabaka halinde düzenleyin. Çıtır çıtır olana kadar 8 ila 10 dakika pişirin.

d) Makarna pişerken ve prosciutto pişerken zeytinyağını büyük bir tavada orta ateşte ısıtın. Yağ parıldadığında Brüksel lahanalarını ekleyin ve ara sıra karıştırarak 8 ila 10 dakika altın rengi kahverengi olana kadar pişirin. Tuz ve karabiber serpin. Isıyı orta-düşük seviyeye düşürün ve sirke, jalapeño ve kekiği ekleyin ve filizler sırlanana kadar 1 ila 2 dakika daha pişirin.

e) Tavayı ocaktan alın ve süzülmüş makarnayı, pesto sosunu, keçi peynirini, Manchego'yu, limon kabuğu rendesini ve limon suyunu ekleyin. Makarna pişirme suyunun yaklaşık ¼ fincanını ekleyin ve bir sos oluşturmak için karıştırın.

f) İstediğiniz kıvama gelene kadar her seferinde 1 yemek kaşığı daha ekleyin. Tadına bakın ve gerekirse daha fazla tuz ve karabiber ekleyin.

g) Makarnayı sekiz kaseye veya tabağa eşit olarak bölün ve her birinin üzerine çıtır prosciutto koyun.

# 53.  <u>Fettuccine al prosciutto</u>

Yapar: 4 porsiyon

## İÇİNDEKİLER:

- 6 ons Prosciutto
- 4 ons Tereyağı
- 2 yemek kaşığı Kıyılmış soğan
- Tuz
- Taze çekilmiş karabiber
- 1 pound Taze fettuccine
- ⅔ fincan Taze rendelenmiş Parmesan

a) YAĞLI VE YAĞSIZ prosciutto parçalarını ayırın. Yağı iri doğrayın; ½ inçlik kareler halinde yağsız kesin.

b) Bir tavada tereyağını eritin.

c) Soğan ve prosciutto yağını ekleyin ve 5 dakika soteleyin.

d) Bir kevgir içinde süzün, ancak çok fazla değil: biraz nemli bırakın.

e) Fettuccine'yi ısıtılmış bir servis kasesine aktarın. Sote tavasının tüm içeriğini atın. Rendelenmiş peynir ve daha taze çekilmiş karabiber ekleyin ve tekrar atın. Üzerine ayrılmış prosciutto serpin ve hemen servis yapın.

## 54. <u>Fettucine çam fıstığı prosciutto ve güneşte kurutulmuş domates</u>

Yapar: 2 porsiyon

**İÇİNDEKİLER:**
6 ons Fettucine; taze
2 yemek kaşığı zeytinyağı
½ çay kaşığı Sarımsak; kıyılmış
1 yemek kaşığı Çam fıstığı
1 dilim Prosciutto; julienned
2 güneşte kurutulmuş domates; kıyılmış
½ su bardağı tavuk suyu
6 fesleğen yaprağı; julienned
1 yemek kaşığı Tıraşlı Parmesan peyniri
Tuz ve biber
1 çay kaşığı Tereyağı
½ çay kaşığı Zencefil; kıyılmış
Büyük bir tencerede kaynayan tuzlu suda fettucini yumuşayana kadar 1½ dakika pişirin, süzün ve bir kenara koyun.

Bir sote tavasını çok sıcak olana kadar ısıtın ve zeytinyağı ekleyin. Sarımsak, çam fıstığı, salam ve güneşte kurutulmuş domatesleri ekleyin. Çam fıstığı altın rengi olana kadar soteleyin. Tavuk suyu, fesleğen ve Parmesan ekleyin, kaynatın ve sıvıyı ½ oranında azaltın. Erişte ekleyin ve iyice atın. Tuz ve karabiberle tatlandırın. Tereyağı ve zencefil ekleyin ve tekrar atın. Hemen servis yapın.

# 55.  <u>Prosciutto ve kuşkonmazlı fettuccine</u>

Yapar: 4 porsiyon

**İÇİNDEKİLER:**
½ pound Kuşkonmaz, 1 inçlik parçalar halinde.
2 yemek kaşığı Tereyağı
½ su bardağı Soğan, kıyılmış
4 ons Prosciutto
1 yemek kaşığı Tereyağı
1 yemek kaşığı Un
½ su bardağı Krema
1 kilo fettuccine
½ su bardağı taze rendelenmiş Parmesan peyniri
Taze kara biber

Kuşkonmazı yumuşayana kadar pişirin; boşaltmak. Pişirme suyunu ½ bardağa azaltın. Orta ateşte bir tavada tereyağını eritin. Soğanı ekleyin ve kokusu çıkana kadar pişirin. Prosciuttoyu karıştırın ve soteleyin. Un ve tereyağından bir meyane yapın; ayrılmış kuşkonmaz suyunu ve kremayı ekleyin. Çırpın ve sos kalınlaşana kadar ısıtın. Kuşkonmaz ve salam ekleyin ve karıştırın. Bu sırada makarnayı pişirin. Makarna al dente piştiğinde süzün ve rendelenmiş peyniri ekleyerek sosla birlikte atın. Servis yapın ve tatmak için taze rendelenmiş biber ekleyin.

# 56. <u>Prosciutto ve bezelye ile düdük</u>

Yapar: 1 porsiyon

## İÇİNDEKİLER:

2 yemek kaşığı zeytinyağı
2 yemek kaşığı Tereyağı
1 Kıyılmış havuç
1 adet kıyılmış kereviz sapı
1 Kıyılmış küçük soğan
6 ince dilim prosciutto - doğranmış
½ bardak Beyaz şarap
2 12 ons süzülmüş domates içerir; (Pomi markası)
1 su bardağı bezelye
1 pound Haşlanmış düdüklü makarna

## TALİMATLAR:

Zeytinyağını, tereyağını geniş bir sos tenceresinde ısıtın. Kıyılmış havuç, kereviz ve soğanı ekleyin. Yumuşayana kadar kısaca soteleyin. Prosciutto, beyaz şarap ve süzülmüş domatesleri ekleyin. Tatları birleştirmek için kısık ateşte yaklaşık 30 dakika pişirin. Bezelye ile bitirin ve birleştirmek için karıştırın. Sıcak makarnayı sosla karıştırın. Taze fesleğen ve parmesan peyniri ile süsleyin.

## 57.  <u>Shiitake, brokoli rabe ve prosciutto soslu Fusilli</u>

Yapar: 4 porsiyon

**İÇİNDEKİLER:**

● 1 kilo Fusilli makarna

● 1 pound Brokoli rabe; kırpılmış ve 1 inçlik parçalar halinde kesilmiş

**SOSU İÇİN**

● ½ su bardağı zeytinyağı

● ½ bardak Kıyılmış arpacık

● 1 diş sarımsak; kıyılmış

● 6 ons Shiitake mantarı - (8 ons'a kadar); kesilmiş, dilimlenmiş

● 6 ons Prosciutto veya benzer şekilde kurutulmuş jambon - (8 oz'a kadar); küçük zarları veya şeritleri kesin

● ½ çay kaşığı Kurutulmuş acı kırmızı pul biber (1 çay kaşığına kadar); ya da tatmak

● ⅓ bardak Tavuk suyu veya et suyu

● 2 yemek kaşığı kıyılmış taze maydanoz

● 2 yemek kaşığı kıyılmış taze kişniş

● 2 yemek kaşığı Taze tarhun

**GARNİTÜR**

● Taze rendelenmiş Parmesan peyniri; (isteğe bağlı)

Güneşte kurutulmuş domatesler; (isteğe bağlı)

a) İlk önce sosu yapın. Bir tavada sıvı yağ. Arpacık ekleyin ve 1 dakika karıştırarak pişirin.

b) Sonra mantarları ekleyin ve ara sıra karıştırarak 5 dakika veya mantarlar hafifçe altın rengi alana kadar pişirin.

c) Şimdi sarımsak, prosciutto ve kırmızı biber pullarını karıştırın ve 30 dakika pişirin ve ardından tavuk suyu veya et suyu ekleyin ve 1 dakika pişirin.

d) Makarnanız için, büyük bir tencerede suyu tamamen kaynatın.

e) Su hazır olduğunda makarnanızı ekleyin. Makarnayı eklediğinizde değil, su kaynama noktasına geldiğinde pişirmeye başlamayı unutmayın.

f) Makarnanızı paketteki tarife göre pişirin, 6 dakika piştikten sonra brokoliyi haşlanan makarnaya ekleyin.

g) Makarnayı ve brokoliyi bir kevgir içinde süzün ve servis tabağına alın. Sosla doldurun, iyice karıştırın. İstenirse süsleyin.

# 58.  <u>Prosciutto ve bezelye ile Pappardelle</u>

Yapar: 1 porsiyon

## İÇİNDEKİLER:

¼ bardak Kıyılmış prosciutto
1 su bardağı bezelye
1 su bardağı ağır krema
1 su bardağı Yarım buçuk
⅓ su bardağı rendelenmiş Asiago peyniri
1 kilo lazanya eriştesi

## TALİMATLAR:

Büyük bir sote tavasını sıcak olana kadar ısıtın. Kıyılmış salam ekleyin ve yumuşayana kadar yaklaşık üç dakika pişirin, ancak gevrekleşmeyin. Bezelye ekleyin ve birleştirmek için karıştırın. Ağır kremayı ve yarısını ve yarısını dökün. Asiago peynirini ekleyin ve ısıyı düşük seviyeye indirin. Peynirin erimesi ve kremanın hafifçe koyulaşması için sık sık karıştırarak sosu beş dakika yavaşça kaynamaya bırakın. Biberle tatlandırın. Pappardelle yapmak için lazanya eriştelerini alın ve yaklaşık 1 "genişliğinde uzun şeritler halinde kesin. Şeritleri tuzlu kaynar suya bırakın ve yumuşayana kadar pişirin. Servis yapmak için pişmiş makarnayı peynir sosuyla atın.

## 59.  **Fesleğen ve prosciutto ile makarna**

Yapar: 4 Porsiyon

**İÇİNDEKİLER:**
1 kilo Makarna; Penne
1 yemek kaşığı Zeytinyağı
1 Diş Sarımsak; kıyılmış
⅓ pound Prosciutto; kıyılmış
1 ons Taze Fesleğen Yaprağı
4 yemek kaşığı Yağsız Yoğurt; Süzülmüş
Tuz; tatmak
Taze kara biber; tatmak
Büyük bir tencerede hafif tuzlu su kaynatın ve penneyi al dente olana kadar pişirin.

Makarna pişerken zeytinyağını bir tavada ısıtın ve sarımsağı kahverengileşinceye kadar kısaca kızartın. Doğranmış prosciuttoyu ekleyin ve o da kahverengileşmeye başlayana kadar iki veya üç dakika kızartın. Tavayı ocaktan alın.

Pişen makarnayı süzgeçte süzün ve tekrar tencereye alın.

Fesleğeni şifon yapın ve prosciutto ve sarımsakla birlikte makarnaya ekleyin.

Tuz ve karabiberle cömertçe baharatlayın ve malzemeleri karıştırmak için makarnayı atın. Yoğurdu sıcak makarnaya dökün ve hafifçe kaplanana kadar karıştırın. Isıtılmış bir tabağa aktarın ve servis yapın.

## 60.  <u>Prosciutto ile doldurulmuş makarna ruloları</u>

Yapar: 15 porsiyon

## İÇİNDEKİLER:
- 3 su bardağı Çok amaçlı un
- 3 yumurta
- 3 kilo taze ıspanak, durulanmış ve sapları alınmış
- 3 su bardağı ricotta peyniri
- 3 yumurta
- 1½ yemek kaşığı Taze rendelenmiş hindistan cevizi
- 1½ bardak Rendelenmiş Parmesan peyniri
- Tuz ve taze çekilmiş karabiber
- ½ su bardağı Artı 1 T su
- 1½ yemek kaşığı zeytinyağı
- 24 kağıt inceliğinde dilim jambon
- 18 ons Mozzarella peyniri, ince dilimlenmiş
- Zeytin yağı
- Güneşte Kurutulmuş Domates Sosu

Makarna için: Unu geniş bir kaseye koyun. Yumurta, su ve yağı karıştırın; unu ekleyin ve iyice karıştırın. Unlu yüzeyde pürüzsüz ve elastik olana kadar yaklaşık 10 dakika yoğurun. Üzerini kapatıp 15 dakika dinlendirin.

Doldurmak için: Ispanağı orta ateşte ağır büyük tavaya koyun.

Örtün ve ara sıra karıştırarak suyunu çekene kadar pişirin. Boşaltmak. Kuru sıkın. Ispanak doğrayın. Büyük bir kapta ricotta, yumurta ve hindistancevizi karıştırın. Ispanak ve Parmesan ile karıştırın. Tuz ve karabiber serpin.

Hamurun ⅓'ünü kesin. Hafifçe unlanmış zeminde mümkün olduğunca ince açın. 18x11 inçlik bir dikdörtgene kırpın. Her tarafta ½ inçlik kenarlık bırakarak ⅓ ıspanak karışımını yayın. Dolguyu 8 prosciutto dilimi, ardından ⅓ mozzarella peyniri ile kaplayın. Doldurma üzerine her bir uzun kenardan 1 inç katlayın. Kısa uçların kenarlarını suyla fırçalayın. 1 kısa kenardan başlayarak, makarnayı jöleli rulo şeklinde sarın. Tülbente sarın ve şekli tutması için iple bağlayın. Kalan hamur ve doldurma ile tekrarlayın.

Ocağın üstündeki büyük kavurma tavasında kaynatmak için 2 inç su getirin. Rulo makarna ekleyin. Isıyı azaltın, örtün ve 35 dakika pişirin.

2 spatula kullanarak ruloları çıkarın ve soğutun. İpi ve tülbenti yavaşça çıkarın. Sıkıca sarın ve gece boyunca soğutun.

Makarna rulolarını ½ inç kalınlığında dilimler halinde kesin. Tepsiye dizin. Zeytinyağı ile fırçalayın. Güneşte Kurutulmuş Domates Vinaigrette ile oda sıcaklığında servis yapın.

# 61. <u>Prosciuttolu parti makarnası</u>

Yapar: 6 Porsiyon

**İÇİNDEKİLER:**
1 paket (12 ons) ıspanaklı fettuccine
½ su bardağı Tereyağı; bölünmüş
2 bardak İnce prosciutto şeritleri; (yaklaşık 1/3 pound)
5½ su bardağı krem şanti
1 kutu (14 ons) enginar kalbi; süzülmüş ve ortadan ikiye kesilmiş
½ su bardağı doğranmış taze veya dondurulmuş frenk soğanı

Makarnayı paketteki talimatlara göre pişirin; boşaltmak. Hollandalı bir fırında orta ateşte ¼ fincan tereyağını eritin. Prosciutto ekleyin; kızarana kadar soteleyin. Boşaltmak.
Kenara koyun.
Orta ateşte Hollanda fırında kalan ¼ fincan tereyağını eritin. Pişmiş makarna, krem şanti, enginar göbeği ve ¼ fincan frenk soğanı ekleyin; nazikçe atın.
Servis tabağına aktarın; prosciutto ve kalan frenk soğanı serpin.
Hemen servis yapın.

# 62. <u>Bezelye ve prosciutto ile Tortellini</u>

Yapar: 4 porsiyon

**İÇİNDEKİLER:**
15 ons Tortellini; peynir
1½ su bardağı krem şanti
1 adet Hindistan cevizi; taze rendelenmiş tutam
6 yemek kaşığı Parmesan; taze rendelenmiş
¾ fincan Bezelye; dondurulmuş küçük çözülmüş
1½ ons Prosciutto; yağ kesilmiş kesim
1 x Tuz ve taze çekilmiş karabiber

Tortellini'yi büyük bir tencerede tuzlu suda hafifçe yumuşayana kadar pişirin ve yapışmasını önlemek için ara sıra karıştırarak pişirin. İyice boşaltın.

Bu arada, ağır büyük tencerede kaynatmak için krema getirin. Isıyı azaltın.

Küçük hindistan cevizi ekleyin ve hafifçe kalınlaşana kadar yaklaşık 8 dakika pişirin.

Tortellini'yi tencereye geri koyun. Ilık krema, Parmesan, bezelye ve prosciutto ekleyin. Tortellini yumuşayana ve sos kalınlaşana kadar ara sıra karıştırarak yaklaşık 4 dakika kısık ateşte pişirin. Tuz ve karabiber serpin. Dört sıcak kaseye bölüştürün ve servis yapın.

# SALATALAR VE YANLAR

## 63.  <u>Kavun Prosciutto Salatası</u>

## İÇİNDEKİLER:

- 1/2 olgun kavun
- 1/2 olgun çiğ bal
- 8 ons prosciutto

a) Kavunları tohumlayın ve soyun ve 1 inçlik parçalar halinde kesin (veya bir kavun kabı kullanın).
b) Prosciutto'yu doğrayın, her şeyi bir araya getirin ve servis yapın.

## 64.  <u>Roka Salatası & İstiridye Mantarı</u>

Yapar: 4 – 6

## İÇİNDEKİLER:

- 3 yemek kaşığı sızma zeytinyağı
- Yarım kilo istiridye mantarı, kalın dilimlenmiş
- Tuz ve taze çekilmiş karabiber
- 2 yemek kaşığı balzamik sirke
- ½ çay kaşığı ince rendelenmiş limon kabuğu rendesi
- 2 adet iç kereviz sapı, kibrit çöpü şeklinde kesilmiş, artı süsleme için jülyen doğranmış kereviz yaprakları
- 5 su bardağı bebek roka
- 3 ons Pecorino Romano veya diğer keskin peynir, sebze soyucuyla traşlanmış
- 3 ons ince dilimlenmiş prosciutto di Parma

## TALİMATLAR:

a) Büyük bir yapışmaz tavada 1 yemek kaşığı zeytinyağını ısıtın. Mantarları ekleyin ve tuz ve karabiber ekleyin.

b) Ara sıra karıştırarak orta derecede yüksek ateşte yumuşayana ve hafifçe kızarana kadar yaklaşık 6 dakika pişirin. Mantarları bir kaseye aktarın ve soğumaya bırakın.

c) Büyük bir kapta sirkeyi limon kabuğu rendesi ve kalan 2 yemek kaşığı zeytinyağı ile çırpın. Tuz ve karabiber serpin. Kereviz kibrit çöplerini, roka ve mantarları ekleyin ve hafifçe karıştırın.

d) Salatayı büyük bir tabağa veya kaseye aktarın, üzerine Pecorino Romano, prosciutto ve kereviz yaprakları ekleyin. Hemen servis yapın.

# 65. Şarap şurubunda incir, jambon ve nektarin salatası

Yapar: 1 porsiyon

## İÇİNDEKİLER:

- ½ bardak Kuru beyaz şarap
- ½ su bardağı Su
- ¼ su bardağı Şeker
- 2 litre taze yeşil ve/veya mor incir; saplı
- 2 büyük sert olgun nektarin
- ¼ pound) parça jambon veya prosciutto, şeritler halinde kesilmiş
- Süslemek için nane dalları ve/veya taze üzüm yaprakları

## TALİMATLAR:

a) Küçük bir tencerede, şarap ve suyu şekerle birlikte şeker eriyene kadar yaklaşık 3 dakika kaynatın ve tavayı ocaktan alın. Şarap şurubunu hafifçe soğutun ve soğutun. Şarap şerbeti 1 hafta önceden yapılıp soğutulup üzeri kapatılabilir.

b) İncirleri ikiye bölün ve nektarinleri ince dilimler halinde kesin. Bir kapta, meyveyi jambon veya prosciutto ve şarap şurubunun yarısı ile hafifçe atın.

c) Salatayı bir tabağa alın ve üzerine kalan şarap şerbetini dökün. Salatayı nane ve/veya üzüm yapraklarıyla süsleyin.

## 66.  Prosciutto ile Kavrulmuş Yeşil Fasulye

Yapar: 2

## İÇİNDEKİLER:

- ⬜4 dilim prosciutto
- ⬜¼ pound yeşil fasulye, uçları kesilmiş
- ⬜ 1 küçük sarı soğan, dilimlenmiş
- ⬜ 1 yemek kaşığı kanola yağı

## TALİMATLAR:

a) Dijital Hava Fritöz Fırınınızı birkaç dakika 350 °F'ye önceden ısıtın.

b) Bir ninja fırın sepetine prosciutto koyun ve 390 °F'de 5 dakika PİŞİRİN.

c) Bir kase alın ve kalan malzemeleri karıştırın.

d) Prosciutto'yu fırından çıkarın.

e) Sebzeleri bir fırın sepetine koyun ve 15 dakika daha Havada Kızartın.

f) Prosciuttoyu ufalayın ve kavrulmuş yeşil fasulyelerin üzerine serpin.

g) Eğlence.

## 67.   <u>Kuşkonmaz Sarılı Prosciutto</u>

Yapar: 6

## İÇİNDEKİLER:

- 18 kuşkonmaz, doğranmış
- 6 dilim prosciutto, uzun ince şeritler halinde dilimlenmiş

## TALİMATLAR:

a) Her prosciutto şeridini kuşkonmaz mızrağının etrafına sarın.
b) Hava fritöz sepetine yerleştirin ve 180ºC'de 7 dakika pişirin.

## 68. <u>meze Salata</u>

## İÇİNDEKİLER:

- 1 büyük baş veya 2 kalp marul doğranmış
- Şeritler halinde kesilmiş 4 ons prosciutto
- 4 ons salam veya biberli küp
- ½ su bardağı dilimlenmiş enginar kalbi
- ½ su bardağı yeşil ve siyah zeytin karışımı
- ½ su bardağı acı veya tatlı biber turşusu veya közlenmiş
- tatmak için İtalyan sosu

## TALİMATLAR:

a) Tüm malzemeleri büyük bir salata kasesinde birleştirin.
b) İtalyan sosuyla karıştırın.

# 69. <u>İki kişilik meze aperatif kutusu</u>

## İÇİNDEKİLER:

- 2 ons ince dilimlenmiş prosciutto
- 2 ons salam, kuşbaşı
- 1 ons gouda peyniri, ince dilimlenmiş
- 1 ons Parmesan peyniri, ince dilimlenmiş
- ¼ su bardağı badem
- 2 yemek kaşığı yeşil zeytin
- 2 yemek kaşığı siyah zeytin

## TALİMATLAR:

a) Prosciutto, salam, peynir, badem ve zeytinleri yemek hazırlama k
b) Örtün ve 4 güne kadar soğutun.

# 70.  <u>İncir ve Prosciutto Salatası</u>

Yapar: 2

## İÇİNDEKİLER:
- 1 düzine taze Kaliforniya inciri
- 4 ons dilimlenmiş prosciutto
- 4 ons Manchego peyniri
- 2 avuç yabani roka rokası
- 1/4 su bardağı marine edilmiş zeytin
- 1 yemek kaşığı incir balzamik sirkesi veya diğer kaliteli balzamik
- 1 yemek kaşığı zeytinyağı
- tatmak için biber ve tuz

## TALİMATLAR:
a) İncirleri yıkayın, saplarını kesin ve dörde bölün. Büyük bir tahta veya tepsi üzerinde eşit boşluk bırakın.

b) Her bir prosciutto dilimini ikiye bölün ve incirlerle birlikte tahtaya koyun.

c) Sebze soyucu kullanarak Manchego peynirini ince dilimler halinde kesin ve incir ve peynirin üzerine serpin. Zeytin ve roka ile doldurun.

d) Her öğenin yerleşimi konusunda becerikli olmaya çalışın. Bu atılmış bir salata değil ve gelişigüzel zarif görünmelidir. Salatanın üzerine balzamik sirke ve sıvı yağ gezdirin. Tatlandırmak için tuz ve karabiber serpin ve hemen servis yapın.

## 71.  <u>Greyfurt, Avokado ve Prosciutto Kahvaltı Salatası</u>

**İÇİNDEKİLER:**

- 1 küçük yakut kırmızısı greyfurt
- 2 su bardağı doğranmış derisiz, kemiksiz tavuk göğsü
- ¾ çay kaşığı koyu susam yağı
- ⅛ çay kaşığı taze çekilmiş karabiber
- Bir tutam koşer tuzu
- 1 su bardağı mikro yeşillik, bebek roka veya yırtık marul
- ½ olgun soyulmuş avokado, ince dilimlenmiş
- ¾ fincan taze ananas parçaları
- 1/2 su bardağı doğranmış Granny Smith elması
- ¼ bardak havuç
- 1/4 bardak Edamame
- 1 çok ince dilim prosciutto
- artık Humus
- 3 yemek kaşığı kıyılmış kavrulmuş fındık
- çok tohumlu krakerler

**TALİMATLAR:**

a) greyfurt kabuğu; orta boy bir kasede greyfurttan parçalar kesin. Yaklaşık 1 çorba kaşığı meyve suyu çıkarmak için zarları sıkın.

b) Bölümleri bir kenara koyun. Bir çırpma teli ile karıştırarak meyve suyuna yağ, karabiber ve tuz ekleyin. yeşillikleri ekleyin; kaplamak için atmak.

c) Yeşillikleri bir tabağa dizin; greyfurt bölümleri, avokado, ananas, edamame, havuç ve prosciutto ile.

d) Humus, fındık ve çok tohumlu krakerlerle servis yapın.

## 72.   <u>Kavrulmuş Tatlı Patates ve Prosciutto Salatası</u>

Yapar: 8

**İÇİNDEKİLER:**
- Bal 1 çay kaşığı
- Limon suyu 1 yemek kaşığı
- Yeşil soğan (bölünmüş ve dilimlenmiş) 2
- Tatlı kırmızı biber (ince kıyılmış) 1/4 su bardağı
- Cevizler (doğranmış ve kızartılmış) 1/3 su bardağı
- Turp (dilimlenmiş) 1/2 su bardağı
- Prosciutto (ince dilimlenmiş ve jülyen doğranmış) 1/2 su bardağı
- Biber 1/8 çay kaşığı
- 1/2 çay kaşığı Tuz (bölünmüş)
- 4 yemek kaşığı zeytinyağı (bölünmüş)
- 3 tatlı patates, orta (soyulmuş ve 1 inçlik küpler halinde)

a) 400 derece F'ye, fırını önceden ısıtın. Tatlı patatesleri yağlanmış bir fırın tepsisine (15x10x1 inç) yerleştirin.

b) 2 yemek kaşığı yağ gezdirin ve 1/4 çay kaşığı tuz ve karabiber serpin ve düzgün bir şekilde atın. Yarım saat kızartın ve yine de periyodik olarak.

c) Tatlı patateslerin üzerine biraz prosciutto serpin ve tatlı patatesler yumuşayana ve prosciutto çıtır çıtır olana kadar 10 ila 15 dakika kavurun.

d) Karışımı büyük boy bir kaba aktarın ve biraz soğumaya bırakın.

e) Yeşil soğan, kırmızı biber, ceviz ve turpların yarısını ekleyin. Küçük boyutlu bir kase alın, tuzu, kalan yağı, balı ve limon suyunu iyice karışana kadar çırpın.

f) Salatanın üzerine gezdirin; birleştirmek için düzgün bir şekilde atın. Kalan yeşil soğanları serpin.

## 73.  Izgara dana prosciutto salatası

Yapar: 1 Porsiyon

## İÇİNDEKİLER:

- ½ su bardağı zeytinyağı
- 3 diş sarımsak; iri doğranmış
- 4 dal biberiye
- 8 ons; dana bonfile
- Tuz ve taze çekilmiş karabiber
- 2 Limon; ızgara
- 1 yemek kaşığı İri doğranmış arpacık
- 1 yemek kaşığı iri doğranmış taze biberiye
- 3 Diş ızgara sarımsak
- ½ su bardağı zeytinyağı
- Tuz ve taze çekilmiş karabiber
- 8 bardak doğranmış marul
- Izgara Limonlu Izgara Sarımsaklı Vinaigrette
- 8 parça Prosciutto; julienned
- 12 Taze Soğan; ızgara ve doğranmış
- 2 Kırmızı domates; doğranmış
- 2 Sarı domates; doğranmış
- 1½ su bardağı Ufalanmış Gorgonzola
- Izgara Dana Bonfile; doğranmış
- 4 Sert pişmiş yumurta; soyulmuş ve doğranmış
- 2 Haas avokado; soyulmuş, çekirdeksiz
- Frenk soğanı
- 8 diş ızgara sarımsak
- 2 çubuk tuzsuz tereyağı; yumuşatılmış
- Tuz ve taze çekilmiş karabiber
- 16 parça İtalyan ekmeği; Bölünmüş 1/4-inç
- ¼ su bardağı ince kıyılmış maydanoz
- ¼ su bardağı ince doğranmış kekik

**TALİMATLAR:**

a) Küçük, sığ bir pişirme kabında yağ, sarımsak ve biberiyeyi karıştırın. Sığır eti ekleyin ve kaplamak için karıştırın. Örtün ve en az 2 saat veya gece boyunca soğutun. Izgara yapmadan önce 30 dakika oda sıcaklığında bekletin.

b) Izgarayı ısıtın. Sığır etini salamuradan çıkarın, tadına bakmak için tuz ve karabiber ekleyin ve orta derecede az pişmiş olması için her iki tarafını 4 ila 5 dakika ızgara yapın.

## 74. <u>Enginar kalbi ve prosciutto</u>

Yapar: 1 porsiyon

**İÇİNDEKİLER:**
14 ons Can enginar kalbi, süzülmüş
⅓ pound Prosciutto, ince dilimlenmiş kağıt
¼ su bardağı zeytinyağı
½ çay kaşığı Kuru kekik
½ çay kaşığı İnce rendelenmiş portakal kabuğu
Taze kara biber

a) Her bir enginar kalbini bir dilim salamla sarın ve bir kürdan ile sabitleyin.
b) Ayrı bir kapta zeytinyağı, kekik, portakal kabuğu ve karabiberi çırpın.
c) Oda sıcaklığında servis yapın.

# 75. __Mantar ve prosciutto ile rezene__

Yapar: 8 Porsiyon

**İÇİNDEKİLER:**

● 8 kafa rezene

● 1¼ c tavuk suyu

● ¾ c beyaz şarap, hafif tatlı

● 1 kilo dilimlenmiş mantar

● 2 ons prosciutto, ince dilimlenmiş: ve kıyılmış

a) Rezene saplarını ve tüylü yeşillikleri kesin. Tüylü yeşillikleri ayırın, ¼ fincan yapmak için yeterince kıyın. (Önceden yapacaksanız, kıyılmış yeşilliklerden 2 yemek kaşığı ve servis yaparken tabağı süslemek için kalan tüylü dalları soğutun.) Rezene saplarını çorba veya et suyunda kullanmak için ayırın.

b) Ampullerdeki kahverengi lekeleri kesin; 5-6 litrelik bir tavada tek bir katman halinde düzenleyin. Üzerlerine et suyu ve şarap dökün; örtün ve yüksek ateşte kaynatın, ardından rezene delindiğinde çok yumuşayana kadar 35 ila 45 dakika pişirin.

c) İşlenecek kadar soğuyana kadar kenara koyun: pişirme sıvısını ayırın.

d) Rezene pişerken mantarları, jambonu ve 2 yemek kaşığı kıyılmış rezene yeşilliklerini 8-10 inçlik yapışmaz bir tavada birleştirin.

e) Örtün ve mantarlar suyunu salana kadar orta-yüksek ateşte yaklaşık 7 dakika pişirin.

f) Ortaya çıkarın ve sıvı buharlaşana ve mantarlar kızarana kadar sık sık karıştırarak yaklaşık 15 dakika pişirin; kenara koymak

g) Küçük bir bıçak ve keskin kenarlı bir kaşıkla rezene soğanlarının iç kısmını oyarak ¼ inç kalınlığında bir kabuğa sahip olun ve kabuğu sağlam tutun.

h) Mantar karışımını ampullere eşit olarak kaşıklayın. Ampulleri, tek bir katman halinde tutacak kadar büyük bir fırın tepsisine yerleştirin. Ayrılan pişirme sıvısından üzerlerine kaşıkla gezdirin.

i) Doldurulmuş rezene soğanlarını üstü kapalı olarak 375F/190C fırında 15 dakika pişirin; açın ve yaklaşık 10 dakika daha (önceden yapılır ve soğutulursa 20 dakika) sıcak olana kadar pişirmeye devam edin.

j) Ampulleri servis tabağına aktarın; kalan kıyılmış rezene yeşilliklerini hafifçe serpin ve rezene dallarıyla tabağı süsleyin.

# 76.  <u>Mango ve prosciutto</u>

Yapar: 50 Porsiyon

**İÇİNDEKİLER:**

● ½ pound İnce dilimlenmiş prosciutto
● 5 Sert olgun mango, soyulmuş ve 1 inçlik parçalar halinde kesilmiş
● Eşlik olarak limon dilimleri

Her prosciutto dilimini dörde bölün ve her çeyreği bir tahta kazma ile sabitleyerek bir mango parçasının etrafına sarın. Ordövrleri soğutulmuş bir tabağa yerleştirin ve limon dilimleri ile servis edin.

# 77.  <u>Izgara kabak salatası ve prosciutto ile Boconcini</u>

Yapar: 1 Porsiyon

## İÇİNDEKİLER:

- 1 pound Bocconcini; küçük mozzarella topları
- 3 yemek kaşığı Sızma zeytinyağı; artı 3 yemek kaşığı
- 1 yemek kaşığı Doğranmış taze kekik yaprağı
- 1 yemek kaşığı Doğranmış taze kekik yaprağı
- ¼ çay kaşığı Öğütülmüş kırmızı pul biber
- Tatmak için biber ve tuz
- 2 orta boy Kabak, yaklaşık 1 pound, uzunlamasına dilimlenmiş
- 1 limon kabuğu rendesi ve
- 1 demet Frenk soğanı, uçları alınmış
- 2 orta boy Erik domates, 1/4-inç zar halinde kesilmiş
- 2 yemek kaşığı Kırmızı şarap sirkesi
- 1 demet İtalyan maydanozu, ince kıyılmış
- ¼ pound Prosciutto, kasap tarafından ince dilimlenmiş kağıt

Bocconcini'nin geldiği sıvıyı süzün. Bir karıştırma kabına kabak, 3 yemek kaşığı sızma zeytinyağı, kekik, kekik, pul biber, tuz ve karabiberi koyun. En az 1 saat ayırın.

Kabak dilimlerini ızgaraya koyun ve yumuşayana kadar pişirin ama çok yumuşak olmasın. Izgaradan çıkarın ve orta kaseye yerleştirin. Limon kabuğu rendesi, bütün frenk soğanı, erik domates parçaları, sirke ve kıyılmış maydanozu ekleyin. Kabağı kaplamak için hafifçe atın ve 4 tabağa bölün. Her kabak yığınının üzerine 3 bocconcini koyun ve bir kenara koyun. Tüm prosciuttoları doğrudan üst üste istifleyin ve dilim boyunca kibrit çöpü jülyen şeklinde kesin. Üzerine mozzarella ve kabak serpin ve hemen servis yapın.

# PİZZA

# 78. <u>Proscuitto ve roka pizza</u>

## İÇİNDEKİLER:

- 1 pound pizza hamuru, oda sıcaklığında, bölünmüş
- 2 yemek kaşığı zeytinyağı
- 1/2 su bardağı domates sosu
- 1 1/2 su bardağı rendelenmiş mozzarella peyniri (6 ons)
- 8 ince dilim prosciutto
- Birkaç büyük avuç dolusu roka

## TALİMATLAR:

a) Pizza taşınız varsa, fırının ortasındaki bir rafa koyun. Fırını en az 30 dakika 550°F'ye (veya maksimum fırın sıcaklığına) ısıtın.

b) Pizzayı fırında bir taşa aktarıyorsanız, iyi unlanmış bir kabuk veya kesme tahtası üzerinde birleştirin. Aksi halde pişirme yapacağınız yüzeye (parşömen kağıdı, fırın tepsisi vb.) toplayın. Her seferinde bir parça hamurla çalışarak, 10 ila 12 inçlik bir daireye yuvarlayın veya gerin.

c) Hamurun kenarlarını 1 yemek kaşığı zeytinyağı ile fırçalayın. Kalan hamurların üzerine domates sosunun yarısını yayın.

d) Peynirin yaklaşık 1/4'ünü serpin. Hamuru eşit şekilde kaplayacak şekilde 4 prosciutto dilimi koyun. Peynirin 1/4'ünü daha serpin.

e) Pizzayı kenarları hafifçe kızarana ve peynir kabarcıklanıp yer yer kızarana kadar 550°F'de yaklaşık 6 dakika pişirin.

f) Fırından bir kesme tahtasına alın, üzerine rokanın yarısını serpiştirin ve hemen dilimleyerek servis yapın.

g) Kalan hamur ve soslarla tekrarlayın.

# 79. <u>Dört Mevsim Pizza/Quattro Stagioni</u>

Yapar: 1 Büyük Pizza

## İÇİNDEKİLER:

- Geleneksel İtalyan temel Hamuru için 1 tarif
- Mozzarella, 6 ons, Dilimlenmiş
- Prosciutto, 3 ons, Dilimlenmiş
- Shiitake mantarı, Bir kase, Dilimlenmiş
- Zeytin, ½ su bardağı, Dilimlenmiş
- Yarım su bardağı pizza sosu
- Dörde bölünmüş enginar kalbi, Bir su bardağı
- Rendelenmiş Parmigiana, 2 ons

## TALİMATLAR:

a) Hamuru 14 inç çapında bir daireye şekillendirin. Bunu kenarlarından tutarak ve hamuru dikkatlice döndürerek ve gererek yapın.

b) Hamuru pizza sosuyla noktalayın.

c) Üzerine mozzarella dilimlerini eşit şekilde dağıtın.

d) Daha sonra pizzanın dörtte üçünde enginar göbeği, prosciutto, mantar ve zeytin.

e) Rendelenmiş Parmigiana'yı üstüne dağıtın.

f) 18 dakika ızgara yapın/pişirin.

## 80.  <u>New Orleans Usulü Pizza</u>

Yapar: 1 Büyük Pizza

## İÇİNDEKİLER:

- 1 pizza kabuğu
- Sarımsak, 2 diş, doğranmış
- Çekirdeksiz siyah zeytin, 8
- Rendelenmiş Parmesan peyniri, 2 ons
- Çekirdeksiz yeşil zeytin, 8
- Dilimlenmiş prosciutto, 4 ons
- Soğan, 2 yemek kaşığı, doğranmış
- Kurutulmuş kekik, yarım çay kaşığı
- Kıyılmış taze fesleğen, 6 yaprak
- Salam, 2 ons, dilimlenmiş
- Mozzarella peyniri, İki ons
- Kıyılmış kereviz, 2 yemek kaşığı
- Taze maydanoz, Bir yemek kaşığı, Doğranmış
- Zeytinyağı, 2 yemek kaşığı
- Tuz ve Karabiber
- Zeytinyağı, Bir yemek kaşığı
- Sarımsak tozu, ½ çay kaşığı
- Provolone peyniri, İki ons
- Dilimlenmiş mortadella, İki ons

## TALİMATLAR:

a) Peynir hariç tüm malzemeleri karıştırın.

b) Pizzayı karışımla doldurun.

c) 500 derece F'de yaklaşık 5 dakika pişirin.

d) Üzerine peynir koyun ve yaklaşık 5 dakika kızartın. Dilimleyin ve servis yapın.

## 81.  <u>Enginar & Prosciutto Pide Pizza</u>

Yapar: 4 pizza

## İÇİNDEKİLER:

- Doğranmış enginar kalbi
- Kırmızı soğan, dilimlenmiş
- Rendelenmiş mozzarella peyniri, Bir su bardağı
- Süslemek için taze fesleğen
- Prosciutto
- Közlenmiş Kırmızı Biber Sosu, Bir su bardağı
- Parmesan peyniri, Yarım su bardağı, Rendelenmiş
- közlenmiş kırmızı biber

## TALİMATLAR:

a) Fırını 450 derece Fahrenheit'e ısıtın.

b) Her bir pideyi her iki tarafına da hafifçe zeytinyağı sürün.

c) Her pidenin üzerine kırmızı biber sosu ve rendelenmiş mozzarella peyniri sürün.

d) Üzerine tuz, Parmesan ve daha ince kıyılmış malzemeler ekleyin.

e) 5 dakika pişirin ve taze fesleğenle süsleyerek servis yapın.

## a) <u>Prosciutto ve Roka Pizza</u>

Yapar: 1 Büyük Pizza

## İÇİNDEKİLER:

- Geleneksel İtalyan temel Hamuru için 1 tarif
- Prosciutto, 2 ons
- Çeyrek su bardağı pizza sosu
- Balzamik sirke, Bir çorba kaşığı
- Mozzarella, 3 ons, Dilimlenmiş
- Roka yaprakları, Yarım su bardağı

## TALİMATLAR:

a) Hamuru 14 inç çapında bir daireye şekillendirin. Bunu kenarlarından tutarak ve hamuru dikkatlice döndürerek ve gererek yapın.

b) Pizza sosunu hamurun her yerine eşit şekilde yayın.

c) Mozzarella dilimlerini pizzanın üzerine eşit şekilde dizin.

d) Pizzayı roka yapraklarıyla kaplayın ve prosciutto şeritleriyle bitirin.

e) 15 dakika ızgara yapın/fırlayın.

f) Soğutun ve dilimlemeden önce üzerine balzamik sirke gezdirin.

## 82.  **Balkabagi ve elmalı pizza hasat**

Yapar: 4

## İÇİNDEKİLER:

- 1 yemek kaşığı sızma zeytinyağı, artı yağlamak için daha fazlası
- 2 arpacık soğan, ince dilimlenmiş
- ½ kilo Yoğurmasız Ekmek ve Pizza Hamuru
- 2 yemek kaşığı elma yağı
- 1 Ballı elma, ince dilimlenmiş
- 1 su bardağı rendelenmiş mozzarella peyniri
- ½ su bardağı rendelenmiş keskin çedar peyniri
- ½ küçük balkabagi, bir sebze soyucu kullanılarak şeritler halinde traşlanmış
- 8 taze adaçayı yaprağı
- 3 ons ince dilimlenmiş prosciutto, yırtılmış
- Kaşar tuzu ve taze çekilmiş karabiber
- Öğütülmüş kırmızı biber gevreği
- 2 ons mavi peynir, ufalanmış (isteğe bağlı)
- Tatlım, gezdirmek için
- Servis için taze kekik yaprakları

## TALİMATLAR:

a) Fırını 450 ° F'ye önceden ısıtın. Bir fırın tepsisini yağlayın.

b) 1 yemek kaşığı zeytinyağını orta boy bir tavada yüksek ateşte ısıtın. Yağ parıldadığında, arpacıkları ekleyin ve kokulu olana kadar 2 ila 3 dakika pişirin. Tavayı ocaktan alın.

c) Hafifçe unlanmış bir çalışma yüzeyinde, hamuru ¼ inç kalınlığında açın. Hamuru hazırlanan fırın tepsisine dikkatlice aktarın.

d) Elmalı tereyağını 1 inç kenarlık bırakarak hamurun üzerine yayın. Sotelenmiş arpacık soğanları ve elma dilimlerini ekleyin.

e) Mozzarella ve çedar üzerine katman yapın, ardından balkabagi, adaçayı ve prosciutto ile süsleyin. Pizzayı bir tutam tuz, karabiber ve pul biberle tatlandırın ve mavi peyniri (kullanılıyorsa) üstüne serpin.

f) Kabuk altın rengi olana ve peynir eriyene kadar 10 ila 15 dakika pişirin. Bitirmek için üzerine bal gezdirin ve kekik serpin. Dilimleyin ve servis yapın.

## 83.   Mikro Yapraklı Pesto & Roka Pizza

Yapar: 6

**İÇİNDEKİLER:**
- 1 pizza hamuru
- 6 yemek kaşığı Mikro roka ve limonlu pesto
- 1 su bardağı mozzarella
- 1 su bardağı çeri domates
- 4 ons Prosciutto
- 1 su bardağı limonlu mikro yeşillik
- Karabiber

**TALİMATLAR:**
a) Hamuru iyi unlanmış bir yüzeye çevirin.
b) Üzerine biraz un serpip 2 parçaya bölün.
c) 2 top haline getirin ve ardından hamuru gerin.
d) Parmaklarınızı unlayın ve ardından hamura yuvarlak şekiller verin.
e) İsterseniz mikro roka ve limonlu pesto, biraz taze mozzarella, birkaç dilim taze çeri domates, prosciutto ve taze biber ekleyin.
f) Pizzayı önceden ısıtılmış bir fırında en yüksek sıcaklıkta, yaklaşık 500 °F'de 10-15 dakika, üst kısımlar kavrulmuş ve pişmiş görünene ve kabuk altın rengi olana kadar pişirin.

## 84.  Otlu ızgara pizza prosciutto ile

Yapar: 4 Porsiyon

## İÇİNDEKİLER:

- ¼ su bardağı kıyılmış taze maydanoz
- 2 yemek kaşığı Doğranmış taze kekik
- 1 kilo pizza hamuru
- mısır unu
- 2 yemek kaşığı zeytinyağı
- 2½ su bardağı Rendelenmiş Fontina peyniri (1/2 pound)
- ⅔ bardak Domates sosu
- ¼ su bardağı kıyılmış taze fesleğen
- 6 ince dilim prosciutto veya jambon, iri kıyılmış

Hafifçe unlanmış yüzeyde, maydanoz ve kekiği eşit şekilde dağılana kadar yoğurun. İkiye bölün ve top haline getirin; üzerini kapatıp 15 dakika dinlendirin. 12 inç yuvarlak yapmak için her topu ince bir şekilde açın.

Her pizza turunu mısır unu serpilmiş pizza tepsisine yerleştirin; biraz yağ sürün. Peyniri eşit şekilde üstüne dağıtın; peynirin üzerine kaşık domates sosu. Kalan yağ ile gezdirin.

Orta-yüksek ateşte 500øF fırına veya üstü kapalı yağlanmış ızgaraya yerleştirin; yaklaşık 12 dakika veya kabuk gevrekleşene ve peynir eriyip kabarcıklı hale gelene kadar pişirin. Üzerine fesleğen ve salam serpin.

## 85.  <u>İncirli ve prosciuttolu pizza</u>

Yapar: 1 porsiyon

**İÇİNDEKİLER:**
- 2 Yuvarlak İncirli Pizza Hamuru
- mısır unu; yağmurlama için
- 2 çay kaşığı zeytinyağı
- ½ çay kaşığı Kıyılmış sarımsak
- 2 tutam kaba tuz
- 2 tutam taze çekilmiş karabiber
- 1 çay kaşığı kıyılmış taze biberiye yaprağı
- ½ su bardağı İncir Reçeli;
- 4 ons Gorgonzola peyniri; ufalanmış
- Nohut büyüklüğünde parçalar
- 3 ons İnce dilimlenmiş prosciutto
- 1 yeşil soğan; Uzunlamasına ince dilimlenmiş

Pişirmeden bir saat önce fırına bir fırın taşı koyun ve 500 dereceye kadar ısıtın.

Bir pizza hamurunu mümkün olduğu kadar ince açın. Mısır unu serpilmiş bir pizza kabuğuna yerleştirin. Yüzeyi 1 çay kaşığı yağ, ¼ çay kaşığı kıyılmış sarımsak, 1'er tutam tuz ve karabiber ve ½ çay kaşığı doğranmış biberiye ile kaplayın. Etrafında açık, 1 inç genişliğinde bir dış dudak bıraktığınızdan emin olun. Pizzanın üzerine ¼ fincan incir reçeli ve 2 ons Gorgonzola peynirini eşit şekilde noktalayın. Prosciutto'nun yarısı ile doldurun.

Raketi hafifçe sallayın ve pizzayı fırın taşının üzerine kaydırın. Kızarana kadar pişirin, yaklaşık 6 ila 7 dakika. Sert bir yüzeye aktarın ve dilimler halinde kesin. Hemen servis yapın, dilimlenmiş yeşil soğanın yarısı ile süsleyin.

Kalan hamurla tekrarlayın.

## 86.  <u>Caponata ve prosciutto ile ton balıklı pizza</u>

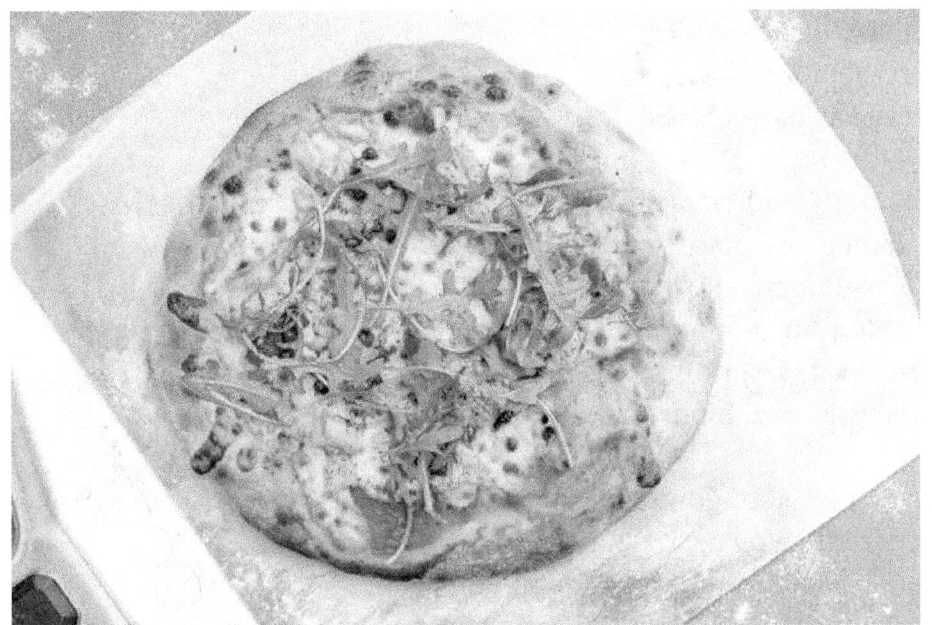

Yapar: 4 Porsiyon

**İÇİNDEKİLER:**
Pizza için 1 12 inçlik İtalyan ekmek kabuğu
1 çay kaşığı zeytinyağı
1 kutu (7 1/2 oz.) kaponata
1 kutu (6 ons) beyaz ton balığı; süzülmüş ve parçalanmış
8 dilim prosciutto
2 Erik domates; 1/4 dilimlenmiş, 3'e kadar
1 su bardağı ufalanmış beyaz peynir
1 su bardağı rendelenmiş mozzarella peyniri
Ezilmiş kırmızı biber

1. Ekmek kabuğunu folyo kaplı fırın tepsisine yerleştirin; yağ ile kenara fırçalayın.
2. Caponata'yı kenarın 1 inç içinde yayın.
3. Ton balığı, prosciutto, domates, beyaz peynir ve mozzarella peyniri ile süsleyin.
4. 450 derece F fırında 10 ila 12 dakika veya peynirler eriyene ve pizza iyice ısınana kadar pişirin. Dilimlemeden 1 dakika önce soğutun. Arzuya göre üzerine kırmızı pul biber serperek servis yapın.

## 87. <u>Prosciutto-domatesli pizza</u>

Yapar: 12 porsiyon

**İÇİNDEKİLER:**

- 1 kutu Domates sosu; (8 ons)
- 1 çay kaşığı İtalyan baharatı
- 1 diş sarımsak; ince doğranmış
- 3 su bardağı Rendelenmiş mozzarella veya fontina Peyniri; (12 ons)
- 1 küçük Soğan; ince dilimlenir ve halkalara ayrılır
- ¼ fincan rendelenmiş parmesan peyniri
- 2 yemek kaşığı Doğranmış taze veya
- 2 çay kaşığı Kuru fesleğen yaprağı
- ½ pound Prosciutto
- 2 büyük erik domates

**KABUK**

- 1 paket aktif kuru maya
- 1 su bardağı Ilık su; (105 - 115f)
- 2½ bardak Çok amaçlı un
- 2 yemek kaşığı Zeytin veya bitkisel yağ
- 1 çay kaşığı Şeker
- 1 çay kaşığı Tuz

Fırın rafını en alt konuma getirin. 2 çerez sayfasını veya 12 inçlik pizza tavasını yağlayın. Fırını 425F'ye ısıtın. Kabuk hazırlayın. Domates sosu, İtalyan baharatları ve sarımsağı karıştırın. Prosciutto veya tamamen pişmiş tütsülenmiş jambonu jülyen şeritler halinde kesin (2 X ¼ X ⅛ inç). Hamuru ikiye bölün. Her bir yarısını, unlanmış parmaklarla çerez kağıdındaki 11 inçlik daireye yerleştirin. Üzerine domates sos karışımı, soğan ve Fontina peyniri ekleyin. Fesleğen, prosciutto ve erik domatesleri (iri doğranmış) serpin. Parmesan peyniri ile doldurun.

Her seferinde 15 ila 20 dakika veya kabuk altın kahverengi olana kadar bir pizza pişirin.

# TATLI

## 88.   Prosciutto ile tereyağlı kruvasan katmanları

Yapar: 8

**İÇİNDEKİLER:**
● 3 yemek kaşığı tuzlu tereyağı, ince dilimlenmiş, artı yağlamak için daha fazlası
● 6 kruvasan, kabaca üçe bölünmüş
● 8 büyük yumurta
● 3 su bardağı tam yağlı süt
● 1 yemek kaşığı Dijon hardalı
● 1 yemek kaşığı kıyılmış taze adaçayı
● ¼ çay kaşığı taze rendelenmiş hindistan cevizi
● Kaşar tuzu ve taze çekilmiş karabiber
● 12 ons donmuş ıspanak, çözülmüş ve kuru sıkılmış
● 1½ su bardağı rendelenmiş Gouda peyniri
● 1½ su bardağı rendelenmiş Gruyère peyniri
● 3 ons ince dilimlenmiş prosciutto, yırtılmış

**TALİMATLAR:**
a) Fırını 350 ° F'ye ısıtın. 9 × 13 inçlik bir pişirme kabını yağlayın.

b) Kruvasanları fırın tepsisinin dibine dizin ve üzerlerini dilimlenmiş tereyağı ile kaplayın. Hafifçe kızarana kadar 5 ila 8 dakika pişirin. Çıkarın ve artık dokunulamayacak kadar sıcak olana kadar yaklaşık 10 dakika tavada soğumaya bırakın.

c) Orta boy bir kapta yumurta, süt, hardal, adaçayı, hindistan cevizi ve bir tutam tuz ve karabiberi birlikte çırpın. Ispanağı ve her bir peynirin ¾ fincanını karıştırın. Karışımı, kızartılmış kruvasanların üzerine eşit şekilde dağıtarak dikkatlice dökün. Kalan peyniri üstüne koyun ve prosciuttoyu ekleyerek bitirin. Örtün ve en az 30 dakika veya gece boyunca soğutun.

d) Pişirmeye hazır olduğunuzda, tabakaları buzdolabından çıkarın ve fırını önceden 350°F'ye ısıtın.

e) Tabakaların merkezi ayarlanana kadar yaklaşık 45 dakika pişirin. Kruvasanlar, tabakaların pişmesi bitmeden kahverengileşmeye başlarsa üzerlerini folyo ile örtün ve pişirmeye devam edin.

f) Tabakaları fırından çıkarın ve servis yapmadan önce 5 dakika soğumaya bırakın.

## 89.  <u>Balzamik şeftali ve brie tart</u>

Yapar: 6

## İÇİNDEKİLER:

- 1 yaprak donmuş puf böreği, çözülmüş
- ⅓ su bardağı Limonlu Fesleğen Pesto
- 1 (8 ons) tekerlek Brie peyniri, kabuğu çıkarılmış ve dilimlenmiş
- 2 olgun şeftali, ince dilimlenmiş
- Sızma zeytinyağı
- Kaşar tuzu ve taze çekilmiş karabiber
- 3 ons ince dilimlenmiş prosciutto, yırtılmış
- ¼ fincan balzamik sirke
- 2 ila 3 yemek kaşığı bal
- Servis için taze fesleğen yaprağı

## TALİMATLAR:

90.    Fırını 425 ° F'ye ısıtın. Kenarlı bir fırın tepsisini parşömen kağıdı ile hizalayın.

91.    Milföy hamurunu temiz bir çalışma yüzeyinde 1⁄8 inç kalınlığa kadar yavaşça açın ve hazırlanan fırın tepsisine aktarın. Hamurun her yerine bir çatalla delin, ardından pestoyu hamurun üzerine eşit bir şekilde yayın ve ½ inçlik bir kenarlık bırakın. Brie ve şeftalileri pestonun üzerine yerleştirin ve hafifçe zeytinyağı gezdirin. Tuz ve karabiberle tatlandırın ve prosciutto ile süsleyin. Hamurun kenarlarını biberle serpin.

92.    Hamur işi altın olana ve prosciutto gevrek olana kadar 25 ila 30 dakika pişirin.

93.    Bu arada, küçük bir kasede sirke ve balı birlikte çırpın.

94.    Tartı fırından çıkarın, üzerine fesleğen yapraklarını koyun ve bal karışımını gezdirin. Parçalara ayırın ve sıcak servis yapın.

## 64.  <u>Etçil Kek</u>

Yapar: 6

## İÇİNDEKİLER:

**Braunschweiger**

- ¼ pound domuz omzu veya dana dili, küp şeklinde kesilmiş
- 10 ons 'domuz veya dana karaciğeri, küpler halinde kesilmiş
- 2 haşlanmış yumurta, soyulmuş
- 6 ons' domuz sırt yağı, küpler halinde kesilmiş
- 1 ½ çay kaşığı pembe deniz tuzu

**tepesi için**

- 6 dilim prosciutto veya Carpaccio
- 6 dilim pastırma

## TALİMATLAR:

a) Bu yemeği yemekten 1-2 gün önce yapın.

b) Bir mutfak robotunda domuz ciğeri, omuz ve yağ küplerini ekleyin ve iyice işleyin.

c) Yaylı bir kalıba dökün. Tavaya su girmeyecek şekilde tavayı folyo ile kapatın. Sıkıca sarıldığından emin olun.

d) Yaylı kalıp tavasından daha büyük bir kızartma tavası alın ve tavanın dibine bir inç kaynar su dökün.

e) Kelepçeli kalıbı kızartma tavasına yerleştirin.

f) Kızartma tavasını kelepçeli kalıpla birlikte yaklaşık 2 saat fırına koyun. Kızartma tavasını fırına yerleştirmeden önce fırınınızın 300° F'ye ısıtıldığından emin olun.

g) Kelepçeli kalıbı fırından çıkarın. Tavada bir yumurtanın sığablleceği büyüklükte 2 oyuk açın. Her kuyuya bir adet haşlanmış yumurta koyun. Yumurtaları bir kaşık etle kaplayın.

h) Soğutun ve 1-2 gün buzdolabında bekletin.

i) Üzerine salam ve domuz pastırması dilimlerini yerleştirin. Sert.

## 95.  <u>Soğan ve prosciutto tart</u>

Yapar: 8 Porsiyon

## İÇİNDEKİLER:

- ½ pound Puf böreği
- 4 büyük Soğan; kıyılmış
- 3 ons Prosciutto; doğranmış
- ½ çay kaşığı Kekik
- ½ çay kaşığı Biberiye
- 2 yemek kaşığı zeytinyağı
- Yağda 12 iri siyah zeytin; Çukurlu
- Taze çekilmiş karabiber
- Gerekirse tuz
- 1 yumurta

Soğanları şeffaf olana kadar otlar ile yağda kızartın. Prosciutto ekleyin ve 3 dakika pişirin. Biberle tatlandırın ve tuzunu kontrol edin. Sakin olmak. Kenarları yapmak için 4 hamur şeridini kesin ve dikdörtgenin kenarlarına bastırın. Kurabiye kağıdına aktarın ve kenarlarını çırpılmış yumurta ile yağlayın. ½ saat soğutun. Fırını 425'e önceden ısıtın •Hazırlanan hamurun üzerine soğanlı karışımı yayın, 30 dakika pişirin, ısıyı 300'e düşürün, tartı dilimlenmiş zeytinlerle süsleyin ve 15 dakika daha pişirmeye devam edin.

## 96. Prosciutto zeytin domatesli ekmek

Yapar: 1 Porsiyon

**İÇİNDEKİLER:**
- 1 lb somun, 1 1/2 lb somun
- 1 su bardağı su
- 2 yemek kaşığı bitkisel yağ
- ⅓ su bardağı olgun domates
- ⅓ su bardağı zeytin, çekirdeği çıkarılmış Alfonse veya şarapta kurutulmuş diğer zeytinler
- ⅓ bardak prosciutto, rendelenmiş
- 2 çay kaşığı şeker
- ½ çay kaşığı adaçayı
- 1 çay kaşığı tuz
- ⅓ su bardağı çavdar unu
- 1½ su bardağı tam buğday unu
- 1½ su bardağı ekmeklik un
- 1½ çay kaşığı maya

Üreticinin talimatlarına göre pişirin.

# 97.  <u>Prosciutto-turuncu popovers</u>

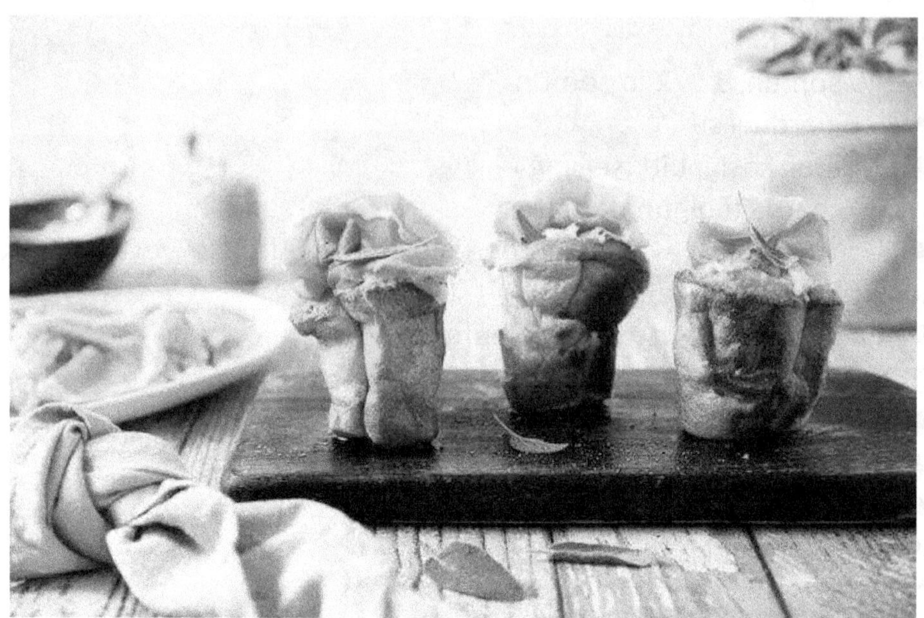

Yapar: 6 Porsiyon

## İÇİNDEKİLER:

- 1 su bardağı Un
- ¼ çay kaşığı Tuz
- 1 bardak Süt
- 2 yumurta; hafif çırpılmış
- 1 yemek kaşığı Erimiş margarin
- 2 dilim Prosciutto; ekstra yağdan arındırılmış; ince doğranmış
- 1 büyük portakal; ince rendelenmiş kabuğu

a) Tavayı fırına koyun ve önceden 450 dereceye ısıtın. Tavayı ısınır ısınmaz fırından çıkarın.

b) Un ve tuzu birlikte karıştırın. Süt, yumurta ve eritilmiş margarini karışım pürüzsüz olana kadar çırpın. Aşırıya kaçmayın. Prosciutto ve portakal kabuğunu karıştırın.

c) Yağlı kağıt serili fırın tepsisine harcı dökün ve önceden ısıtılmış fırında 15 dakika pişirin. Isıyı 350 dereceye getirin ve kabarıp kızarana kadar 15-20 dakika pişirmeye devam edin. Popover'lar söneceğinden, pişirme süresi boyunca fırının kapağını asla açmayın.

d) Fırından çıkarın ve her popover'ın etrafında bir bıçak gezdirin.

e) Tavadan çıkarın ve her birini bir bıçakla delin.

## 98.   <u>şekerlenmiş Prosciutto</u>

**İÇİNDEKİLER:**

- 3 su bardağı şeker
- 1 1/2 bardak Prosciutto di Parma dilimleri, doğranmış

**TALİMATLAR:**

a) Orta boy bir tencerede şekeri yavaş yavaş eritin, prosciutto ekleyin ve 3 dakika karıştırın.

b) Karışımı, üzerine mum veya parşömen kağıdı serilmiş bir tepsiye yayın.

c) Soğumaya bırakın ve parçalamak için parçalayın.

# 99. <u>Mozzarella ve prosciutto patates keki</u>

Yapar: 6

## İÇİNDEKİLER:

- Mozzarella ve prosciutto patates keki
- 1/2 su bardağı (35g) taze galeta unu
- 900 gram soyulmuş patates
- 1/2 su bardağı (125ml) sıcak süt
- 60 gram tereyağı, küpler halinde kesilmiş
- 2/3 su bardağı (50 gr) rendelenmiş parmesan
- 2 yumurta
- 1 yumurta sarısı
- 1 su bardağı (100 gr) rendelenmiş mozzarella
- 100 gram prosciutto, doğranmış
- bebek roketi, hizmet etmek

## TALİMATLAR:

a) Fırını çok sıcak, 200°C'ye (fanlı 180°C) önceden ısıtın.

b) 20 cm'lik kelepçeli bir kalıbı tereyağı ile yağlayın; tabanı ekmek kırıntılarının üçte biri ile serpin.

c) Patatesleri kaynar tuzlu suda yumuşayana kadar 15 dakika pişirin. Boşaltmak; kuruyana kadar 1 dakika tavaya dönün.

d) Patatesleri ezin, süt ve yağın yarısını ekleyin. Parmesan, yumurta ve yumurta sarısını karıştırın; mevsim.

e) Hazırlanan tavayı patates karışımının yarısı ile yayın. Mozzarella ve prosciutto ile kaplayın; kalan patates karışımı ile doldurun. Kalan tereyağı ile nokta; kalan ekmek kırıntılarını serpin.

f) Altın ve ılık olana kadar 30 dakika pişirin; keki 10 dakika bekletin. Dilimleyip roka ile servis yapın.

# 100. Prosciutto ile Yeşil Bezelye Panna Cotta

Yapar: 8-10 porsiyon

## İÇİNDEKİLER
## YEŞİL PEA PANNA COTTA:

- Kanola veya diğer nötr yağdan pişirme spreyi
- 1 yemek kaşığı. agar agar gevreği
- 1 küçük kereviz sapı, parçalar halinde kesilmiş
- 2 "taze biberiye dalı
- 1 defne yaprağı
- 1/2 çay kaşığı. bütün karabiber
- 1/4 çay kaşığı bütün yenibahar meyveleri
- 2 dal düz yapraklı İtalyan maydanozu
- Tatmak için sofra tuzu
- 2 su bardağı yeşil bezelye
- 1/4 c. yoğun krema
- 2 yemek kaşığı brie peyniri
- Acı biber, tatmak
- Zevkinize biber
- Garnitür için mikro yeşillikler veya kereviz yeşillikleri

## PROSCIUTTO CİPSLERİ:

- 4 ince dilim Prosciutto de Parma

## YEŞİL PEA PANNA COTTA:

a) Fırını ortada bir raf ile 400º F'ye ısıtın. Çerçeveli bir fırın tepsisini folyo ile hizalayın. 12 fincanlık mini muffin kalıbının kaplarını pişirme spreyi ile hafifçe kaplayın ve bir kenara koyun.

b) 1-3/4 su bardağı su, agar agar, kereviz, biberiye, defne yaprağı, karabiber, yenibahar meyveleri, maydanoz ve 1/4 çay kaşığı sofra tuzunu küçük bir tencerede birleştirin. Yüksek ateşte kaynamaya getirin, ara sıra tavanın altını kazıyın, ardından ısıyı düşük seviyeye indirin. Agar agar yerleşmeyi sevdiğinden, yaklaşık 6-8 dakika erimiş gibi görünene kadar ara sıra tavanın altını kazımaya devam edin.

c) Bir karıştırıcıya bezelye ekleyin ve püre haline getirin. Agar agar suyunu ince gözenekli bir süzgeçten geçirerek blendere süzün.

Hacmi 2 bardağın biraz üzerine çıkarmak için yoğun krema, brie, bir veya iki tutam kırmızı biber ve ilave su ekleyin.

d) Pürüzsüz olana kadar karıştırın, gerekirse blenderin kenarlarını kazıyın. Tatlandırın ve tuz, beyaz biber ve istenirse ek kırmızı biber ile baharatı ayarlayın, tamamen birleştirmek için kısa bir süre karıştırın. Hazırladığınız karışımı 12 adet muffin kalıbına eşit olarak paylaştırın.

e) Yerleşmek ve oluşmuş olabilecek hava kabarcıklarının giderilmesine yardımcı olmak için tavaya birkaç kez dokunun. Agar agarın katılaşması için yaklaşık bir saat bekletin.

f) Servis sırasında panna cotta'nın kenarına ince bir bıçak gezdirin ve her birini dışarı çıkarın.

**PROSCIUTTO CİPSLERİ:**

g) Fırını 250 ° F'ye önceden ısıtın.

h) 1 inçlik yuvarlak bir kesici kullanarak prosciutto'nun çevrelerini kesin. Parşömen kağıdı serili bir tepsiye dizin ve üzeri kızarana kadar 10-15 dakika pişirin. Garnitür için ayırın.

**TOPLANTI:**

i) Panna cottayı tepsiye dizin.

j) Aioli üzerine bir prosciutto diski yerleştirin.

k) Mikro yeşillikler veya kereviz yeşillikleri ile süsleyin.

# ÇÖZÜM

Umarız bu yemek kitabı, prosciutto'yu yemek pişirmede kullanmanın yeni ve yaratıcı yollarını denemeniz için size ilham vermiştir. İster misafir ağırlıyor, ister ailenizi besliyor veya sadece İtalyan mutfağına olan sevginizi şımartıyor olun, bu tarifler kesinlikle damak tadınıza hitap edecek ve kendinizi tatmin hissetmenizi sağlayacak. Farklı tatlar, malzemeler ve pişirme teknikleri denemekten korkmayın - prosciutto ile yemek yapmanın güzelliği burada! Ve aralarından seçim yapabileceğiniz 100 tarifle lezzetli fikirleriniz asla bitmeyecek. Bu mutfak yolculuğunda bize katıldığınız için teşekkür eder, size mutlu yemekler dileriz!